एक करोड़ की बोतल

एक करोड़ की बोतल

कृश्न चन्दर

राजकमल प्रकाशन

ISBN : 978-81-267-0789-8

मूल्य : ₹ 395

पहला संस्करण : 1969
चौथा संस्करण : 2023

प्रकाशक : राजकमल प्रकाशन प्रा.लि.
1-बी, नेताजी सुभाष मार्ग, दरियागंज
नई दिल्ली-110 002
शाखाएँ : अशोक राजपथ, साइंस कॉलेज के सामने, पटना-800 006
पहली मंजिल, दरबारी बिल्डिंग, महात्मा गांधी मार्ग, प्रयागराज-211 001
वेबसाइट : www.rajkamalprakashan.com
ई-मेल : info@rajkamalprakashan.com

मुद्रक : बी.के. ऑफसेट
नवीन शाहदरा, दिल्ली-110 032

EK CRORE KI BOTAL
Novel by Krishna Chander

काग़ज़ी दस्तावेज़ पर लिखा था…
दस्तावेज़ लानेवाले को मेरी एक
करोड़ की जायदाद का मालिक बना
दिया जाएगा……बोतल में दो इंच
का कार्क ठुसा हुआ था।—इंदू ने सोचा
होगा किसी पगले का पत्र या किसी
आत्महत्या करनेवाले की अंतिम
इच्छा…पर यह रहस्य इंदू और रंजीत
का रहस्य था—रानी बाला और
बोमन जी का रहस्य था…

1

"तो फिर तुम्हारी माँ ने क्या कहा ?" लड़के ने लड़की से पूछा।

मैरिन ड्राइव बाँध की दीवार अर्ध-गोलाकार की सूरत में दूर तक फैली हुई थी। वे दोनों उस पर टाँगें लटकाए बैठे थे, उनकी पीठ मैरिन ड्राइव की बिल्डिगों की ओर थी तथा चेहरा समंदर की ओर। बादल घिर आए थे, सागर का पानी एक दीवानी खुशी से उछल रहा था, जैसे उसे भी मालूम हो कि बारिश आनेवाली है। यह सोचना गलत है कि केवल मनुष्य को मालूम देता है, कुछ बातें सागर की भी सूझबूझ में हैं। कुछ बातें बादल भी जानते हैं, कुछ बातें हवा भी सूँघ लेती है। केवल लहरों पर तैरती झाग कुछ नहीं जानती, क्योंकि उसने सिर्फ खुशी देखी है। कुछ जानने के लिए दुःख उठाना आवश्यक है। इन दोनों ने बिल्डिगों की ओर से मुँह फेर लिया था, क्योंकि वहाँ कोई आशा नहीं थी, सामने सागर का रहस्यमय चेहरा था, वायु में एक खतरनाक साजिश थी।

और उन दो चेहरों पर वेदना की परछाइयाँ। लड़की की उम्र मुश्किल से उन्नीस वर्ष की होगी, लड़का तीन-चार साल बड़ा होगा, मगर वेदनायुक्त दिमागी उलझन उनके चेहरों पर इस भाँति तैर रही थी जैसे सागर की लहरों पर तट का कूड़ा-करकट तैरता है, मगर सागर का भाग नहीं बन सकता। इस भाँति उनकी दिमागी उलझन के होते हुए भी उन दोनों के चेहरों पर नौजवानी का आकर्षण और उसका भोलापन था। बाँध की मुँडेर पर दूसरे लोग भी बैठे थे, मगर उन लोगों ने इस जोड़े को अकेला छोड़ दिया था। यह मैरिन ड्राइव बाँध की ही सभ्यता में शामिल है कि लोग ज़रा दूरी छोड़कर एक-दूसरे से अलग-अलग बैठते हैं। खासतौर से जोड़ों के लिए ज्यादा फासला छोड़ दिया जाता है, ताकि कोई दूसरा उनकी बातों में दखल न दे सके।

और आज तो रविवार भी नहीं था, इसलिए भीड़ और भी कम थी, फिर बारिश का डर था, इसलिए इस लंबी मुँडेर पर बहुत कम लोग बैठे थे। कुछ दार्शनिक बुड्ढे एक पैर कब्र और दूसरा समंदर में लटकाए हुए, कुछ बेकार निकम्मे, कुछ नवविवाहित जोड़े कुछ बाहर से आए हुए देहाती, शायद जिन्होंने पहली बार समंदर देखा था। एक अधेड़ उम्र का आदमी समंदर को टकटकी बाँधे घूर रहा था, जैसे कि अभी आत्महत्या कर लेगा। सागर और धरती के बीच अर्ध-गोलाकार की सूरत में फैली हुई इस लंबी मुँडेर पर जीवन के बहुत-से निर्णय किए जाते हैं। डूबने और उभरने के, मरने के और मारने के, प्रेमारंभ करने के, प्रेम समाप्त करने के, विवाह करने के तथा तलाक देने के, आदि-आदि। शायद सागर को देखकर फैसला करना आसान होता है, सागर की ओर देखना ऐसा ही है, जैसे अपने अंदर झाँकना। सागर सदा मानव को अपनी अंतर-आत्मा की झाँकी दिखाता है। अंतर-आत्मा की, अवचेतना की तथा अचेतता की क्योंकि मानव के दिमाग की भाँति सागर की भी अनगिनत तहें और परतें होती हैं। इसीलिए तो सागर के मुख पर इतना आकर्षण है।

लड़के ने लड़की की ओर देखकर फिर अपना सवाल दोहराया, "तो फिर तुम्हारी माँ ने क्या कहा?"

"वह मैं सुन नहीं सकी," लड़की अपने भूरे बालों की लंबी चोटी से खेलते हुए बोली, "वे मुझे देखकर एकाएक बहुत धीरे-धीरे बातें करने लगे।" वह बहुत बेचैन और परेशान थी, और उसकी लंबी उँगलियों की पोरें, उसके भूरे बालों की चोटी में खुसी हुई गुलाब की कलियों की भाँति दिखाई देती थीं, कभी यहाँ, कभी वहाँ, जैसे उसके हाथ उन गुँथी हुई लटों में फँसी हुई किसी उलझन को निकालने की चेष्टा कर रहे हों। मगर वह उलझन न किसी भाँति निकल रही थी, न सुलझ रही थी।

वह लड़के की ओर देख भी नहीं रही थी, सागर की ओर भी नहीं ताक रही थी, गरदन उठाए किसी दूर के क्षितिज पर उसकी बेचैन निगाहें कुछ ढूँढ़ रही थीं। लड़का लड़की के नए लिबास को बड़ी नरमी से छूते हुए बोला, "और यह ड्रेस?"

ड्रेस बड़ी शानदार और सुंदर थी, हल्के केसरी रंग का ब्लाउज, और गहरे केसरी रंग की स्कर्ट ने उसकी सुडौल लंबी टाँगें और सुनहरी बाँहों तथा सीने के बर्फ रंग उभार को नुमायाँ करते हुए, लड़के के दिल में तूफान पैदा कर दिया।

वह इंदू को अपनी बाँहों में भरकर समेट लेना चाहता था, मगर ऊपर बादल और नीचे सागर देख रहा था। और उनके पीछे मैरिन ड्राइव की बिल्डिगों की सैकड़ों आँखें थीं। रंजीत को भान हुआ जैसे वे सब केवल उन दोनों को देख रही थीं।

जब इंदू ने रंजीत के सवाल का जवाब नहीं दिया तो उसने चंद क्षणों तक रुककर फिर इसी सवाल को दूसरे ढंग से पूछा, ''मगर इंदू, तुम तो यह पश्चिमी ड्रेस कभी पहनती नहीं हो?''

इंदू ने आह भरकर कहा, ''वही लाया था।''

''फिर तुमने क्यों पहन ली?''

''माँ ने जबरदस्ती पहनवा दिया, उसके सामने…वह मुझे देखकर बहुत खुश हुआ, फिर जब तक बैठा रहा ललचाई निगाहों से मुझे देखता रहा, मुझे ऐसे लगा जैसे कोई लोआबदार कीड़ा मेरे शरीर पर रेंग रहा हो।''

इंदू के सारे शरीर में घृणा की एक लहर दौड़ गई। उसका सारा शरीर कुछ पलों के लिए काँप-सा गया। वह पहली बार रंजीत की ओर प्रशंसायुक्त निगाहों से ताककर पूछने लगी, ''मालूम नहीं इन सब बुड्ढों की निगाहों में एक गील-गीली गँगली लिजलिजी वासना-सी क्यों होती है?''

''जिंदगी पर से उनकी पकड़ ढीली जो हो जाती है।'' रंजीत ने जवाब दिया, फिर रुककर बोला, ''तुम्हें मेरी निगाहें कैसी लगती हैं?''

वह शरीर निगाहों से उसे देखते हुए बोली, ''क्यों बताऊँ!'' फिर वह खिलखिलाकर हँस पड़ी, और उस समय यदि ऊपर से बादल उसे देखते, तो उन्हें भी लगता जैसे बाँध की किसी दरार से एकाएक एक सुनहरा फूल उभर आया हो। इंदू इस ड्रेस में अति सुंदर लग रही थी, फुटपाथ पर आने-जानेवाले एक नजर उसे जरूर देखते, इसीलिए दोनों ने अपनी पीठ फुटपाथ की ओर कर ली थी, फिर भी वह उन निगाहों का बोझ अपनी पीठ पर महसूस करती थी।

''फिर भी तुम यह ड्रेस न पहनतीं तो अच्छा होता, हालाँकि बहुत जँच रही हो।''

''पहले तो मैंने भी सोचा कि इनकार कर दूँ, फिर ध्यान आया आज शाम को तुम मिलोगे, यहाँ पर। इसलिए तुम्हारी खातिर पहन लिया।'' रंजीत की निगाहों में खुशी की एक चमक पैदा हुई और इंदू के होंठों से हँसी की लड़ियाँ-सी फूटीं। वह बोली, ''उस बुड्ढे ने यही समझा कि मैं उसकी खातिर पहन रही हूँ।''

वह कुछ देर तक इसी खयाल के वशीभूत होकर हँसती रही, जैसे उसने उस बुड्ढे को बहुत बड़ा चरका दिया हो, फिर बातों को आगे बढ़ाते हुए बोली, "मगन भाई कह रहा था उसे पश्चिमी लिबास बहुत प्रिय है। और उसने अपने दफ्तर की हर टाइपिस्ट को हुक्म दे रहा है कि वह हमेशा पश्चिमी ड्रेस पहनकर उसके दफ्तर में आया करे। मगर एक भी लड़की तो इंदू जैसी नहीं है। वह मेरी माँ से कह रहा था, 'तुम भी इसे सिर्फ वही ड्रेस पहनाया करो', उस पर मेरी माँ बोली, 'रोज कैसे? मेरी इंदू तो साल में एक बार भी ऐसा ड्रेस नहीं पहन सकती, तुमको तो मालूम है, हम कितने गरीब हैं।' उस पर वह बोला, 'तुम्हारी गरीबी एक दिन में दूर हो सकती है, अगर…'"

"तो फिर तुम्हारी माँ ने क्या कहा?"

"वह मैं सुन नहीं सकी।" इंदू ने अपने भूरे बालों की चोटी से खेलते हुए कहा, "वह मुझे देखकर एकाएक धीरे-धीरे बातें करने लगा।"

वे दोनों फिर उदासी में खो गए। उन्हें ऐसा लगा, जैसे गँदले बादलों की चादर केवल उन्हें दबोचने के लिए धीरे-धीरे आकाश से नीचे उतर रही है। जैसे समंदर का पानी किसी दीवानी खुशी से प्रभावित होकर अपनी लहरों की लंबी-लंबी बाँहें फैलाकर उनकी गर्दन पकड़ने के लिए आगे बढ़ रहा है। पवन एकाएक थम गई जैसे धरती और आकाश दोनों मिलकर उनके खिलाफ कोई भयानक मंत्रणा कर रहे हों।

"कैसी चुप-सी शाम है!" रंजीत धीरे-से बोला। इंदू ने कोई उत्तर नहीं दिया, सोच-सोचकर रंजीत ने पूछा, "वह महिला एंब्रायडरी वर्कशाप से मिसिज मेहता ने तुम्हारी माँ को बुलाया था न?"

"हाँ… पर वहाँ काम करना मेरी माँ को पसंद नहीं है।"

"क्यों नहीं है?"

"वह मेरी माँ को सौ रुपए पगार देंगे, मुझे अस्सी रुपए, क्योंकि मेरा काम अभी अच्छा नहीं है।"

"एक सौ अस्सी रुपए महीना कम नहीं होते।" रंजीत शिकायत-भरे लहजे में बोला, इंदू कुछ देर चुप रही।

जैसे अंदर-ही-अंदर किसी बात को दबाना चाहती हो, फिर एकाएक भड़ककर बोली, "वह बुड्ढा मेरे दस हजार रुपए देता है।"

"तुम्हारी माँ को?"

"हाँ।"

"तुमसे शादी करेगा?"

"नहीं, रक्खेगा।" इंदू ने सिसककर कहा। "उसके तो बड़े-बड़े बच्चे हैं, उसकी दो लड़कियाँ तो मुझसे भी बड़ी हैं।"

"फिर तुम्हारी माँ ने क्या कहा?"

"वह शायद ज्यादा माँगती हैं। वह कहती हैं मैं नौकरी क्यों करूँ, मैं उस बुड्ढे से ज्यादा धन लेकर खुद दरजी की दुकान क्यों न खोल लूँ। कल को अगर यह तुम्हें छोड़ भी देगा, तो तुम मेरे पास वापस आ सकोगी। तुम्हारे लिए सड़क या फारस रोड का कोठा नहीं होगा। अपनी छोटी-सी कढ़ाई की वर्कशाप होगी। सारी उम्र हमने झुग्गी, खोली, झोंपड़ पट्टी में काटी है, अब यह एक अवसर मिला है, इसे क्यों छोड़ें।...उसने अभी यह सब तो मुझसे नहीं कहा, पर उसकी आँखें कहती हैं। मैं समझ सकती हूँ।"

"फिर वह तुमसे साफ-साफ बात क्यों नहीं करती?"

"इसलिए कि वह मुझसे साफ-साफ जवाब सुनना नहीं चाहती, दूसरी बात यह भी है कि वह मेरा भाव बढ़ा रही है।"

रंजीत ने आशा-भरे स्वर में कहा, "मुमकिन है इसमें हमें कुछ समय और मिल जाए।"

"कितना समय तुम और चाहते हो?" इंदू ने जरा तुनककर कहा, "दो साल से मैं तुम्हारा रास्ता देख रही हूँ, कैसे-कैसे जतन करके मैंने अपनी माँ और उसके पास आनेवाले बुड्ढों को टाला है, मगर यह बुड्ढा टलता दिखाई नहीं देता, सात महीने से रोज आ रहा है।"

रंजीत ने इंदू के हाथ को अपने हाथ में ले लिया, स्वयं उसके हाथ बड़े सख्त थे, क्योंकि वह भास्कर मोटर गैराज में मोटर मैकेनिक का काम सीख रहा था। और अभी उसे सिर्फ सत्तर रुपए मिलते थे। वह गैराज उसके बाप का था, मगर उसका कठोर बाप उससे गैराज में काम करनेवाले दूसरे नौकरों की तरह बरताव करता था, और जेब-खर्च के लिए सिर्फ सत्तर रुपए देता था। भास्कर ने अपने बेटे रंजीत को मैट्रिक से आगे नहीं पढ़ाया था, क्योंकि वह अपने बेटे को अपने बाद गैराज का मालिक बनाना चाहता था। मगर काम करनेवाला मालिक, ऐश करनेवाला मालिक नहीं, क्योंकि, गो बंबई में बहुत-से गैराज हैं, मगर चलते वही हैं, जिनके मालिक खुद से काम करते हैं और मशीन के एक-एक

पुरज़े नटबोल्ट से वाक़िफ होते हैं। यही सूझबूझ वह रंजीत में पैदा करना चाहता था, और रंजीत भी मन लगाकर मेहनत करना चाहता था, मगर उसका आधा मन काम में लगता था, आधा मन हमेशा कहीं और रहता था। और मशीनों के ऊपर धुँधले-धुँधले गुलाबी ख्वाब मँडराते रहते थे, और वह बुहत-सी गलतियाँ कर जाता था, जिससे उसका कठोर बाप उससे बहुत नाराज होता था। एक रोज रंजीत ने डरते-डरते अपनी माँ से इंदू के संग शादी करने का जिक्र भी किया था, तो कई दिन तक घर में उसकी वह गत बनी थी, वह गत बनी थी, कि अब उसने शादी का जिक्र करना ही छोड़ दिया था। इंदू से उसने इसका जिक्र कभी नहीं किया था, तथा हमेशा उसने यह तसल्ली दी थी कि एक-न-एक दिन उसका कठोर बाप उस पर अवश्य मेहरबान हो जाएगा। मगर कब ? जब इंदू उससे यह पूछती तो वह उसके हाथ अपने सख्त हाथों में लेकर रह जाता। इंदू के हाथ देखने में खूबसूरत थे, मगर नरम नहीं थे, बाँह के दूसरे हिस्सों की भाँति इंदू की हथेलियाँ नरम नहीं, हालाँकि देखने में उसकी लंबी-लंबी उँगलियाँ मोमी कलमों की तरह नजर आती थीं। मगर घरदारी झाड़ू, कटका-बरतन माँजना, कपड़े धोना, इन सब कामों ने उसकी हथेलियों को शिला की भाँति सख्त बना दिया था। पहले तो इन हथेलियों का स्पर्श रंजीत को खल जाता था, फिर धीरे-धीरे प्रेम की आँच में वह मोमी कलमें पिघलने लगतीं, और उनका स्पर्श फूल की पत्ती की भाँति नरम, अति नरम होता जाता, फिर इंदू की उँगलियाँ रंजीत की उँगलियों में घुल-सी जातीं।

''अब मेरी माँ ज्यादा समय नहीं लेगी।''

इंदू की दर्द-भरी आँखों में एक गंभीर सोच छा गया।

रंजीत कुछ बोला नहीं, मगर वह प्रश्नसूचक निगाहों से इंदू की ओर देखने लगा।

''एक और लड़की है,'' इंदू के दिल में नारी की डाह जाग उठी। ''बुड्ढा उसमें भी दिलचस्पी लेता है।''

''रानीबाला ?'' रंजीत ने पूछा।

''तुम्हें कैसे मालूम है ?'' इंदू ने चौंककर पूछा।

रंजीत को इसलिए मालूम था, क्योंकि इंदू पर दिल आने से पहले उसका दिल रानीबाला पर भी आया था। रानीबाला इंदू के घर के पास ही रहती थी और इस झोंपड़ पट्टी में रानीबाला और इंदू दो ही ऐसी गरीब लड़कियाँ थीं

जिनका सौंदर्य इस इलाके में किसी ख्याति के लिए मोहताज न था। रानी चंचल स्वभाव की थी, और इंदू से दो साल आयु में कम भी थी। उसका सौंदर्य ऐसा था जो मोटर ड्राइवरों तथा कालेज के नौजवान छोकरों को सीटी बजाने पर मजबूर कर देता है। उसके हुस्न का नमक और तीखापन पचास गज की दूरी से महसूस होने लगता था। अधिकतर ऐसा सौंदर्य बहुत जल्द खिलता है, और बहुत जल्द मुरझाता भी है, इसका नशा ठोस नहीं होता, मगर जब तक होता है, बहुत तीव्र होता है। रंजीत ने पहले कुछ दिनों में ही महसूस कर लिया था। फिर रानीबाला के चाहनेवालों में आवारा छोकरों की संख्या बहुत अधिक थी। उसकी माँ तीन-चार घरों में बरतन माँजने का काम करती थी, मगर इससे आजकल की महँगाई के जमाने में कहाँ पूरा पड़ता है! रानी का बाप चार साल पहले एक मिल में नौकर था, मगर एक दुर्घटना में अपना दायाँ हाथ कटवा बैठा था। और अपने बाजू का जो मूल्य उसे मिल से मिला था वह इन चार वर्षों में खाकर घर में निकम्मा बैठा था, और निकम्मापन यानी, मजबूरी की बेकारी मनुष्य को हौले-हौले घुन की तरह खा जाती है, अंदर का सारा गूदा, उसकी सारी इज्जत-शराफत, खुशचलनी, तथा ईमानदारी खा जाती है। बस ऊपर का खोल रह जाता है जिसके अंदर से एक भयानक शून्यता झाँकती है, यह वह बीमारी है, जो कैंसर से अधिक खतरनाक है।

"और उसका बाप सिर्फ सात हजार रुपए में सौदा करने को तैयार है।" इंदू ने किसी कदर अनादर से कहा। "मगर तुम्हें कैसे मालूम?" उसने फिर पूछा।

रंजीत ने कहा, "जिन दिनों मुझे तुम्हारे घर आने की इजाजत थी, मैं अधिकतर उसे रास्ते में देखा करता था, उसका घर तुम्हारे घर से पहले पड़ता है न? रास्ते में तुम्हारे घर से पहले।"

"मगर तुमने मुझे आज तक नहीं बताया?" इंदू ने किसी भीतरी जलन से झुलसकर कहा, तथा उसने अपना हाथ रंजीत के हाथ से निकाल लेना चाहा, मगर रंजीत ने अपनी पकड़ अधिक मज़बूत कर दी।

"इसमें बताने की कौन-सी ऐसी बात थी?"

"उसने तुमसे कभी कोई बात की?"

"नहीं।"

"तुम उसके झोंपड़े में कभी गए?"

"कभी नहीं।"

"कसम खाओ।"

"जिसकी कसम चाहो खिला दो।"

इंदू चुप हो गई, कुछ क्षण गुस्से में खौलती रही, फिर एकाएक उसके मुख पर एक विजययुक्त मुस्कराहट खेलने लगी, और वह विश्वास-भरे लहजे में बोली, "यदि तुम उससे मिले भी हो कभी, तो मुझे क्या ... तुमने मेरी खातिर उसे भी छोड़ दिया न ?" बात की गहराई तक पहुँचने का ढंग नारी का बिलकुल अपना होता है। मर्द किसी निर्णय तक पहुँचने के लिए एक दिमागी यात्रा करता है, नारी एक अंतर्बौद्धिक यात्रा करती है। मर्द का निर्णय बाहरी रूप से अधिक सही होता है, नारी का मनोवैज्ञानिक ऐतबार से। रानी बाला के मामले में दोनों एक ही नतीजे पर पहुँचे थे। हालाँकि रंजीत ने जब इंदू के हक में निर्णय किया था, तो रानी से भावों की बिना पर उलझे बगैर रानी से प्रेम करने से पहले ही उसने अपने दिलो-दिमाग के दर्पण पर से उसकी तस्वीर खुरच डाली थी। इंदू रंजीत का स्वभाव समझते हुए, ठीक ही सोचती थी कि खुद-ब-खुद एक दिन रंजीत उसकी ओर खिचा हुआ चला आएगा। मगर उसका यह शुबहा गलत था कि रंजीत ने कभी रानी से प्रेम किया होगा। मगर इतना गलत भी न था कि शुरू में रंजीत के हृदय में वह लालच आया तो था। बाद में इंदू से मिलने के बाद उसे निर्णय करने में देर नहीं लगी क्योंकि इंदू के सौंदर्य में भारतीय सुशीलता और शर्म के होते हुए एक विदेशी विचित्रता भी थी, जो उसे अधिक आकर्षणमयी बना रही थी। उसके भूरे बाल, हरी आँखें तथा यूनानी छवि, इस गरीब झोंपड़े में कहाँ से पैदा हो गए। उसकी माँ किम्मीबाई साँवले रंग की एक गरीब गुजरातिन थी, उसका पति नासिक में एक मामूली दरजी था। जब इंदू एक वर्ष की थी तो उसका बाप मर गया था, इंदू को अपना बाप बिलकुल याद न था, उसे नासिक भी याद न था, जब से उसने आँख खोली, अपने-आपको बंबई की झुग्गियों, खोलियों, चालों और झोंपड़ों ही में देखा। उसने अपने दरजी बाप के चरित्र, सौंदर्य तथा शारीरिक गठन के जितने चर्चे सुने थे, सिर्फ अपनी माँ की ज़ुबान से सुने थे, हो सकता है उसकी हरी आँखें, भूरे बाल और त्वचा की साफ रंगत उसके बाप से आई हो।

क्योंकि उसकी माँ तो काली आँखों, काले बालों और साँवले रंग की औरत थी, जो जवानी में अवश्य जवान रही होगी, और वहीं तक आकर्षक भी,

हालाँकि भूखे-नंगों की बस्ती में तरुणाई-काल में भी तरुणाई नहीं आती, तथा उनके शरीर में आकर्षण की सौंधी-सौंधी सुगंध भी नहीं आती, कुम्हार के कोरे बरतन भी निर्धन की नव तरुणाई से अधिक आकर्षक तथा सुंदर होते हैं। इंदू ने गर्व से कहा, "मैं तो सात कक्षा पढ़ चुकी हूँ, और वह दो कक्षाँओं से ऊपर नहीं गई, मगर सेठ उसके घर भी जाता है। हमारे घर भी आता है। वह मेरी माँ से कहता है कि रानी तो उसे सात हजार में मिल रही है, और वह मेरे लिए दस हजार तक देने को तैयार है।"

"तुम्हारी माँ क्या पंद्रह हजार माँगती है ?" रंजीत ने पूछा।

इंदू एकाएक भड़ककर बोली, "मेरी माँ क्या माँगती है, तुम्हें उससे क्या ? तुम यह बताओ तुमने क्या सोचा है ?" हर बार यहीं पर आकर तान टूट जाती है। आखिर वह कर भी क्या सकता है, सत्तर रुपए में दोनों कैसे जीवित रह सकते थे ? कैसे रह सकते यदि ब्याह कर लेते ? हर बार दोनों इस पहेली पर, इस उलझन पर, इस कठिनाई पर सोचते, खूब सोचते, और चुप हो जाते, घुटकर रह जाते। दुनिया की ओर से मुख मोड़कर सागर की ओर देखने लगते। जैसे उसकी अथाह गहराई में से उत्पन्न होनेवाली गरजना से अपने इस सवाल का उत्तर सुनने की लालसा हो। सागर से कोई उत्तर न पाकर इंदू आकाश की ओर देखने लगती, उसकी आँखों में आँसू झिलमिलाने लगते, और वह भरे गले से कहती, "आखिर तुम कहीं नौकरी क्यों नहीं कर लेते ?"

"दो-तीन ठिकानों पर कोशिश कर चुका हूँ।" रंजीत उत्तर देता, "कोई गैराज का मालिक मुझे अस्सी रुपए से अधिक देने को तैयार नहीं होता, क्योंकि अभी मेरा काम कच्चा है। और अस्सी रुपए में हम दोनों का निर्वाह नहीं हो सकता इंदू !"

"हाँ, वह तो नहीं हो सकता, तो फिर तुम्हारा काम अच्छा कब होगा ?"

"डेढ़-दो साल तो अवश्य लगेंगे।"

"इतनी देर तक मेरी माँ इंतजार नहीं करेगी।"

"तुम्हारी माँ इंतजार नहीं करेगी, तुम तो करोगी।"

"तो दो साल से और क्या कर रही हूँ, मगर कब तक टालती जाऊँ ?"

"तुम उस बुड्ढे के पास जाना चाहती हो ?"

"मेरी जूती जाना चाहती है।"

"फिर ?"

फिर वह क्या बताए, अपने मोहन को, जिसने उसका दिल जीत लिया था। मगन भाई गो बुड्ढा मनहूस खब्बीस था, मगर एक होशियार जादूगर की भाँति वह इदू के सम्मुख बड़े सुहावने सपने सजा देता था, जिनकी रंगारंग चमक से इंदू की आँखें चकाचौंध हो जाती थीं। सुंदर रंगारंग रेशमी पर्दों की नरमी तथा चिकनाहट की भाँति वह कोमल दिन और नाजुक चाँदनी रातें इंदू की आँखों के सामने झिलमिलाने लगतीं। बादामी रंग की नई साड़ी, पेडर रोड पर एक नया फ्लैट, नायलोन शिफोन की सुंदर साड़ियाँ तन पर—हर ओर रेशमी पर्दे झूलते हुए, रंगारंग रोशनियाँ झिलमिलाती हुईं। सपनों के हिंडोले में एक राजकुमारी झूलती हुई, कुछ क्षणों के लिए कुछ सायतों के लिए, कुछ घंटों के लिए, कभी-कभी कुछ दिनों के लिए। उस बुड्ढे मगर होशियार जादूगर का जादू इंदू के सिर पर सवार रहता, और कानों में गूँजता रहता, फिर एकाएक लसदार कीड़ा उसके शरीर पर रेंगने लगता, और वह बुड्ढे मगन के बदसूरत होंठों का ध्यान आते ही उस जादू को झटक देती। "नहीं, नहीं।"

नहीं, नहीं, मगर कब तक नहीं, रंजीत ने मन में सोचा, उन्नीस वर्ष की लड़की के आखिर कुछ अपने भी सपने होते हैं। फिर एक ऐसी लड़की जो स्वयं एक सुंदर सपने की भाँति सुंदर हो। उसके सपने? मेरे लिए ये सपने इतनी अहमियत नहीं रखते, रंजीत सोच रहा था, मेरे बाप के पास एक टूटी-फूटी गाड़ी भी है, वह स्वयं हर रोज गाड़ियों की मरम्मत करता है। उसके मन में अब गाड़ियों के लिए कोई वैसी चाहत नहीं है न ही आकर्षण, पर्दे उसके घर के कमरों में भी लटके हुए हैं। यह ठीक है वह अति सुंदर नहीं हैं। मगर हैं तो। वह एक मध्यमवर्गीय घराने का व्यक्ति है जिसने आज तक भुखमरी और गरीबी की सूरत नहीं देखी। शायद उसके लिए वह लालच अधिक न हो, वह सपने इतने रंगीन हों कि वह उनके पीछे छिपी हुई उस भयानकता को न देख सके। जो इंदू की जिंदगी में उस समय आ खड़ी होगी, जब मगन भाई उसके सौंदर्य को घुन की भाँति चाटकर उसके जर्जर खोल को झुग्गियों और झोंपड़ों के कूड़े-करकट में वापस फेंक देगा। मगर इंदू? क्या इंदू इतनी दूर देख सकती है? उसने मन-ही-मन अपने कठोर बाप को गाली दी जो किसी भाँति भी इंदू की शादी अपने बेटे से इसलिए करने को राजी न था, कि उसने पता लगा लिया था, कि इंदू के बाप का किसी को पता नहीं था, कि वह कौन था। जो नाम किम्मीबाई ने बताया था, उस नाम का दर्जी नासिक में उस जगह पर कभी न रहा था। न ही

उसकी कोई दुकान रही थी, न खुद किम्मीबाई कभी नासिक में रही थी। कुछ लोगों के खयाल में इंदू किसी अंग्रेजी जेहाजी की बेटी थी, या किसी दूसरे यूरोपियन ऑफीसर की। वह हरामिन है। तुम्हारी इंदू जिसे तुम बहू बनाकर मेरे घर में लाना चाहते हो, भास्कर जोर से चीखा था। और कहानी खत्म हो गई थी। रंजीत को मालूम था कि अब उसका बाप जीवन में इस मसले पर दुबारा ध्यान देने के लिए कभी तैयार न होगा। फिर भी वह इंदू की मोहब्बत का आँचल छोड़ने के लिए तैयार न था। रंजीत की मोहब्बत का यह मामला इतना नाजुक बन गया था कि रंजीत ने इस मसले पर इंदू से बात करने की कभी हिम्मत न की, इंतजार के सिवा कोई और रास्ता न था। मगर इंतजार भी कब तक? कभी-कभी रंजीत इंदू को चुप देखकर तड़प जाता और महसूस करता कि जैसे इंदू के हाथ उसके हाथ से फिसले जा रहे हैं। उस समय भी उसे ऐसा ही लग रहा था।

रंजीत ने प्रश्नसूचक निगाहों से इंदू की ओर देखा, इंदू के सीने में भावनाओं की हलचल मची हुई थी, उसकी छाती भावनाओं के बढ़ते आकारों से सागर के जलस्थल की भाँति हिल रही थी, अपनी सिसकियों को दबाते हुए वह दर्दभरी आवाज में बोली, "क्या तुम भी मुझे बीस वर्ष इंतजार कराना चाहते हो? हो सकता है, जब तक तुम कई वर्षों के बाद मेरे पास आओ तो मैं किसी दूसरे की हो जाऊँ।" वह रोने लगी, धीरे-धीरे खामोशी से आँसू उसकी आँखों से बहने लगे।

रंजीत ने अपना हाथ उसकी कमर में डाल दिया, मगर यह एक क्षण का सहारा था, उसकी मुश्किल का हल नहीं था। फिर भी उस समय के मनोभाव की आँच में सुलगते हुए रंजीत के हाथ, इंदू की कमर टटोलने लगे। इंदू धीरे-धीरे अपने आँसू, दिल का दर्द और अपना दुख भूलने लगी, उसकी कमर में थरथरियाँ जागने लगीं, टटोलती हुई उँगलियाँ कुछ माँगने लगीं। वही नेत्र जो कुछ क्षण पहले आँसुओं में भीगे हुए थे, अब किसी अंदरूनी खुमार से बोझल होकर अपने चाहनेवाले की ओर देखने लगे।

सीना ऊपर और नीचे, नीचे और ऊपर होने लगा, साँस रुकने और चलने, चलने और रुकने लगीं।

जैसे भावनाओं का लावा फट जाएगा, इंदू ने घबराकर रंजीत का हाथ अपनी कमर से हटा दिया और सामने सागर में उठती लहरों को तट की चट्टानों से सिर पटकते देखने लगी।

''अरे वह क्या है ?'' इंदू जोर से चीखी।

''कहाँ ?'' रंजीत ने पूछा।

सागर के बीच हाथ उठाकर उँगली से इशारा करते हुए इंदू ने रंजीत को दिखाया। सामने सागर में लहरों पर एक बोतल डुबकती, लुढ़कती, तैरती, लपकती, धीरे-धीरे तट की ओर चली आ रही थी। रंजीत ने मजाक में कहा ''मुमकिन है इस बोतल में तुम्हारे सपनों के राजकुमार का पत्र हो।''

''छी !'' इंदू घृणा से बोली, ''मेरे सपनों के राजकुमार तुम हो।''

''फिर क्या है इसके अंदर ?'' रंजीत ने पूछा।

''तुम्हारे लिए शादी की खुशखबरी है।'' इंदू ने शरारत से कहा।

''किसकी ओर से ?''

''तुम्हारी रानीबाला ने भेजा होगा, मैं क्या जानूँ ?'' इंदू तुनककर बोली। वह बोतल लहरों के कंधों पर सवार उनकी ओर आ रही थी। दोनों बड़े ध्यान से उसकी ओर देख रहे थे।

रंजीत बोला, ''मुझे तो बियर की बोतल मालूम होती है।''

''नहीं, इसमें मोहरें हैं।'' इंदू बोली, ''सोने की मोहरें।''

''सोने की मोहरें होतीं तो बोतल डूब गई होती।''

''तो हीरे होंगे।'' इंदू की कल्पना को पर लग गए।

''हीरे।'' रंजीत सोचने लगा। सचमुच यदि हीरे मिल जाएँ तो—तो पलक झपकते उनकी सारी कठिनाइयाँ दूर हो जाएँ। मगर ऐसा भाग्य कहाँ ? पर अगर मिल जाएँ तो सचमुच··· सपनों के रंगीन फूल रंजीत की निगाहों में खिलने लगे।

इंदू ने उसे कोहनी मारकर कहा, ''अरे क्या सोचने लगे, देखते नहीं हो बोतल हमसे दूर चल दी है, पकड़ो इसे।''

रंजीत मुँडेर से छलाँग लगाकर नीचे पत्थरों पर आ गया, फिर उन पर से फलाँगता हुआ जाकर पानी में उतर गया। ऊपर से इंदू चीखी, ''मैं कहे देती हूँ इस बोतल से जो भी निकलेगा वह मेरा होगा।''

''हाँ-हाँ, तुम्हारा होगा।'' रंजीत पानी में घुसते हुए बोला।

इंदू भी ऊपर से छलाँग मारकर नीचे के पत्थरों पर आ गई, फिर दौड़ते हुए रंजीत के पास पहुँच गई जो अब बोतल को हाथ में पकड़े हुए वापस आ रहा था, उसकी पतलून घुटनों तक पानी में भीग चुकी थी।

बोतल की लंबी गर्दन में करीब दो-डेढ़ इंच का कार्क ठुसा हुआ था। बोतल के अंदर कुछ नहीं था। केवल एक कागजी दस्तावेज गुड़ी-मुड़ी हुआ बोतल में ठुसा हुआ था। हीरों को गायब होते देखकर इंदू के नेत्रों से भी आश्चर्य और हर्ष की चमक अदृश्य हो गई। वह बुझे हुए लहजे में बोली, "होगा किसी पगले का पत्र, या किसी आत्महत्या करनेवाले की अंतिम इच्छा।"

"फिर भी खोलकर देखो।" इंदू के अंदर औरत की टोह लेनेवाली आदत मचलने लगी। मगर कार्क बड़ी मजबूती से ठुसा हुआ था, और उसी कार्क की वजह से अब तक पानी की एक बूँद भी बोतल के अंदर न गई थी। रंजीत ने पत्थर से बोतल का मुँह तोड़ने की ठानी।

"ऐसा न करो।" इंदू बोली।

"फिर क्या करें?" रंजीत ने पूछा।

इंदू ने अपने सिर के जूड़े से एक लंबी पिन निकाली और रंजीत को देती हुई बोली, "इससे खोलकर देखो।"

दस-पंद्रह मिनट की कोशिश के बाद रंजीत बोतल से कार्क निकालने में सफल हो गया। कार्क निकालने के बाद उसने बोतल को इधर-उधर घुमाकर अंदर से वह कागजी दस्तावेज निकाला और उसे खोलकर दोनों हाथों से पकड़कर इंदू को भेंट करते हुए बोला, "हाजिर है।"

"पढ़ो इसे।"

"नहीं, यह आपकी अमानत है, आप ही इसे पढ़ें तो अच्छा है।"

इंदू ने कागजी दस्तावेज लिया, यह कई साल पुराने स्टांप पेपर पर था, जिस पर अंग्रेजी में टाइप किया हुआ लिखा था, कि जिन साहब को यह दस्तावेज मिले वे इसे लेकर मैसर्स करसटजी एंड कंपनी सालीसिटर्स, 137 कैंबल हाउस, कबाला हिल, बांबे से मिलें। दस्तावेज लानेवाले को मेरी एक करोड़ की जायदाद का मालिक करार दिया जाएगा। नीचे किसी सर बोमनजी बहरामजी खस्तगीर के हस्ताक्षर थे, और इस दस्तावेज पर अदालत की मोहर भी मौजूद थी।

"एक करोड़ रुपया?" इंदू जोर से चीखी, लड़खड़ाई, फिर चकराकर

रंजीत की बाँहों में गिरकर बेहोश हो गई।

रंजीत ने एक हाथ से इंदू को सँभाला और दूसरे हाथ से दस्तावेज को इंदू की उँगलियों से निकालकर ध्यानपूर्वक पढ़ा। एकाएक उस दस्तावेज के अक्षर उछल-उछलकर उसकी आँखों के आगे नाचने लगे, और कुछ क्षणों के लिए धरती-आकाश हिंडोले की भाँति घूम गए।

2

कैंबल हाउस गाथक ढंग का वर था, पुराना और मजबूत। संगमरमर की चार सीढ़ियाँ चढ़कर इंदू और रंजीत सागवान के भारी-भरकम पुराने दरवाजों के सामने जा खड़े हुए तो इंदू ने घबराकर कहा, "चलो, लौट चलें।"

रंजीत ने कहा, "जब यहाँ तक आ गए हैं, तो लौट चलने की क्या तुक है?"

इंदू ने बंद दरवाजों के बाहर बड़े-बड़े चमकते हुए पीतल के कुंडों को देखा और बोली, "मुझे डर लग रहा है।"

रंजीत ने उसका हाथ पकड़ लिया, इंदू उसकी ओर देखकर एक फीकी हँसी हँस दी और बोली, "मुझे तो मजाक लग रहा है।"

"मजाक होगा तो भी मालूम हो जाएगा, लेकिन यहाँ तक आकर लौट जाना किसी प्रकार मुनासिब नहीं मालूम होता है।" इतना कहकर रंजीत ने घंटी बजा दी।

"मैं कहती हूँ वापस चले चलो।" घबराकर इंदू पलटने लगी, मगर रंजीत ने उसका बाजू जोर से पकड़ लिया। इतने में एक चपरासी ने दरवाजा अंदर से खोला, उसे देखकर रंजीत ने प्रश्न किया, "मैसर्स करसटजी एंड कंपनी?"

चपरासी ने हाँ में सिर हिलाकर, दरवाजा उन दोनों के लिए खोल दिया, फिर वह उन्हें एक लंबी कॉरीडोर में से गुजारकर एक बड़े हॉल में ले गया। लकड़ी की पुरानी छत को मोटे-मोटे शहतीर सहारा दिए हुए थे। चारों ओर छत तक

दीवारों पर काबुकनुमा चोबीखानों में फाइलें पड़ी थीं, कदे-आदम अलमारियों में कानूनी किताबें चुनी हुई थीं, पाँच-छः बुड्ढे और अधेड़ उम्र के आदमी, सिर झुकाए, मुँह लटकाए टाइप कर रहे थे। बाईं ओर बड़ी-बड़ी फ्रेंच खिड़कियों से रोशनी आ रही थी। और दाईं ओर कुछ केबिन बने हुए थे, जिनके बाहर लकड़ी के बेंच रखे थे, और चार सोफे जिन पर भाँति-भाँति की उम्रों के लोग अपने चेहरों पर भाँति-भाँति की दिमागी परेशानी, चालाकी, मक्कारी के भाव लिए हुए भाँति-भाँति की फाइलें तथा कागज थामे अंदर बुलाए जाने की बाट देख रहे थे। उम्र, जाति, धर्म और खानदान के अलग-अलग होने के बावजूद सबके चेहरे एक-से क्यों नजर आते हैं। शायद सोचने का ढंग या काम करने का तरीका या कारोबार की समता भिन्न-भिन्न चेहरों के मोम को बदलकर इनमें एक-सी नीयत पैदा कर देती है। चपरासी ने रंजीत से पूछा, "किससे मिलना है?"

"बड़े सेठ से।"

चपरासी ने घूरकर रंजीत को देखा, फिर मुस्कराकर धीरे-से बोला, "बड़े सेठ को मरे हुए नौ साल गुजर गए।"

"तो छोटे सेठ से मिल लेंगे।" रंजीत ने संतोषजनक स्वर में जवाब दिया।

"क्या काम है?" चपरासी की आवाज में तीव्रता आ गई।

रंजीत ने बड़े ठोस लहजे में कहा, "उनसे बोल दो, सेठ बोमनजी के उत्तराधिकारी आए हैं।"

"सेठ बोमन के?" चपरासी हैरत में डूबकर उनकी ओर ताकने लगा, फिर बिना कुछ बोले मुड़ा, और सबसे अंतिम कोने की केबिन में चला गया।

चंद क्षणों के इंतजार के बाद जो रंजीत को एक युग की भाँति प्रतीत हुआ, उस केबिन में से एक खूबसूरत नवयुवक अपने सिर के घुँघराले बालों में टेढ़ी माँग निकाले आँखों पर सुनहरी रंग का चश्मा चढ़ाए मुस्कराता हुआ, चपरासी के साथ केबिन से निकला, और उन दोनों की ओर हैरत से देखता हुआ पास आया। चपरासी ने कहा, "यह छोटे सेठ हैं, तुम इनसे बात कर सकते हो।"

"मेरा नाम कावसजी करसटजी है।" उस नवयुवक ने मुस्कराते हुए कहा, "बोलो क्या काम है?"

रंजीत ने कुछ कहे-सुने बिना वह दस्तावेज उसके हाथ में थमा दिया और अपना दूसरा हाथ उसकी पतलून की जेब में था, जिसमें उसने एक चाकू को

पकड़ रखा था। यदि कोई इस दस्तावेज को लेकर भागने की कोशिश करे, तो वह चाकू के एक ही वार से उसे जख्मी करके वहीं गिरा दे। जी हाँ वह बंबई का रहनेवाला था। यहीं पला और बड़ा हुआ था।

कावसजी करसटजी ने दस्तावेज देखकर कुछ क्षणों तक इन दोनों को ध्यानपूर्वक देखा, फिर उन्हें अपने केबिन की ओर इशारा करके बोला, "मेरे साथ उस केबिन में चलिए, वहीं बात होगी।" वह इन दोनों को उसी समय अपने केबिन में ले गया, उन्हें अपने सामने दो कुर्सियों पर बिठाकर बोला, "यह दस्तावेज आपको कब मिला?"

"कल।" रंजीत और इंदू दोनों एक साथ बोल पड़े।

कावसजी ने मुस्कराकर कहा, "आप दोनों में से इस दस्तावेज का मालिक कौन है? यानी यह दस्तावेज किसको मिला है?"

दोनों एक-दूसरे का मुँह देखने लगे, फिर इंदू ने कहा, "इनको।"

"नहीं।" रंजीत ने इंदू की ओर इशारा करके कहा, "इनको।"

"बोतल तो तुम्हीं समंदर से निकालकर लाए थे।" इंदू बोली।

"लेकिन उस पर नजर तो तुम्हारी पहले पड़ी थी।"

"लेकिन पढ़ा तो तुमने था सबसे पहले।"

कावसजी के नव उम्र चेहरे पर एक आकर्षक गुलाबी मुस्कराहट फैल गई, वह वकील की बजाय किसी फिल्म का हीरो मालूम होता था। "अच्छा होगा कि मुझसे बात करने से पहले आप दोनों किसी एक निर्णय पर पहुँच जाएँ। मैं इतने में एक टेलीफोन करके आता हूँ।" इतना कहकर वह जल्दी से बाहर निकल गया और साथवाली केबिन में बैठकर तेज चलनेवाली उँगलियों से टेलीफोन करने लगा। पाँच मिनट के बाद वह अपनी केबिन में वापस लौटा तो दोनों चुप बैठे थे। इंदू का चेहरा शर्म से लाल था और आँखें हया से झुकी हुईं। रंजीत ने विजययुक्त भावों से भरे लहजे में कहा, "श्रीमान, उस बोतल… मेरा तात्पर्य है, जिस बोतल में दस्तावेज मिला, उसकी मालिक केवल यह लड़की है।"

"क्या यह ठीक कहता है?" कावसजी ने इंदू से पूछा।

इंदू ने आहिस्ता से हाँ में सिर हिला दिया।

"हाँ या ना बोलो, केवल सिर हिलाने से काम नहीं चलेगा।"

"हाँ।" इंदू ने नरम लहजे में कहा और हाँ कहते समय प्यार-भरी तिरछी निगाहों से रंजीत की ओर देख लिया।

''क्या दस्तावेज ठीक है ? रंजीत ने बैचेनी से पूछा ।

नवयुवक ने उसका कोई उत्तर न दिया, वह इंदू की ओर देखकर बोला, ''तुम्हारा नाम ?''

''इंदू।''

''पूरा नाम ?''

''इंदुमती ।''

''शादी हो चुकी है ?''

''नहीं ।'' इंदू ने उत्तर दिया, और रंजीत को कुछ ऐसा प्रतीत हुआ जैसे यह उत्तर सुनकर सालीसिटर के लहजे में कुछ परिवर्तन हो चला है ।

''उम्र ?''

''उन्नीस साल ।''

''कहाँ रहती हो ?''

''महालक्ष्मी पुल के पास धोबी लेन की झोंपड़ियों में ।''

नवयुवक ने सब नोट कर लिया, इतने में रंजीत से धीरज न हुआ । उसने फिर वही सवाल दोहराया, ''साहब क्या यह स्टांप पेपर पर जो लिखा है, वह ठीक लिखा है ?''

कावसजी करसटजी ने उसकी ओर देखकर बड़ी रुखाई से कहा, ''जिसको कागज मिला है, उसको सवाल करने दो ।''

''अच्छा...तो...कहो...बताओ न !'' इंदू बेचैन हो उठी ।

अब यह क्षण कावजसी करसटजी के लिए अधिक महत्वपूर्ण था । उसने नोटबुक बंद की । पेंसिल को वापस मेज पर रखा, चश्मे को नाक से हटाकर जेब से रूमाल निकालकर चश्मे को साफ किया, रूमाल को वापस जेब में रखा, चश्मे को वापस आँखों पर चढ़ाया, फिर गहरी और ठोस आवाज में बोला, ''हाँ, लिखा तो ठीक है ।''

'हाँ लिखा तो ठीक है, हाँ लिखा तो ठीक है, हाँ लिखा तो ठीक है, हाँ लिखा तो ठीक है, हाँ लिखा तो ठीक है' केबिन में यह शब्द बार-बार दायरों की सूरत मे फैल-फैलकर बड़े से बड़े होते गए और चकरियाँ खा-खाकर आवाजों के घूमते हुए भँवर बन-बनकर इन दोनों के कानों में गूँजते गए । कुछ क्षण तक इन दोनों के कानों में इन शब्दों के अतिरिक्त और कुछ न था । फिर नवयुवक सालीसिटर की आवाज इनके कानों में आई, ''मगर ।''

और एकाएक सारी आवाजें फटकर धड़ाम से फर्श पर जा गिरीं, फिर केबिन में एक गहरी भयानक खामोशी छा गई। अब वे दोनों गोया सहमकर और सिमिटकर सालीसिटर की ओर देख रहे थे। जिसने 'मगर' यह एक शब्द बोलकर मानो उनके दिल को अपनी मुट्ठी में भींच लिया था। अब कावसजी किसी एक बाकमाल जादूगर की भाँति इन दोनों की ओर देख रहा था, और वे दोनों मानो उसके जादू के असर से भयभीत होकर उसकी ओर देख रहे थे।

''मगर यह वसीयत आज से अट्ठारह वर्ष पूर्व लिखी गई थी, जब सर बोमनजी एक भयानक बीमारी का शिकार होकर इस हालत को पहुँच गए थे। जब उनके अच्छे होने की कोई आशा न थी, चूँकि उन दिनों उनके आगे-पीछे कोई बाली-वारिस न था, इसलिए उन्होंने इस अजीबोगरीब वसीयत को लिखकर उसे एक बोतल में बंद करके समंदर में डलवा दिया था। लेकिन इस वसीयत के लिखने के कुछ माह बाद वह अचानक अच्छे हो गए और अभी तक जिंदा हैं और अपनी जायदाद के मालिक हैं।''

''तो यह वसीयत, गोया··· ।'' रंजीत बोलने लगा कि सालीसिटर ने उँगली उठाकर उसे चुप कर दिया, और बोला, ''सोलह वर्ष तक सर बोमनजी ने अपने बोतलवाले वारिस का इंतजार किया, जब कोई न आया, तो वह उदास हो गए, और उन्होंने पुरानी वसीयत कैंसिल करके नई वसीयत लिख दी, लेकिन बीते हुए दो-तीन साल में कई बार वसीयत कराके कैंसिल कर चुके हैं, क्योंकि जब तक जायदाद का असली मालिक जिंदा है, उसे अपनी वसीयत मरने से पहले हर समय बदलने का और कैंसिल करने का हक है।''

यह सुनकर इंदू और रंजीत दोनों के चेहरे उतर गए और जब सालीसिटर ने देखा कि इन दोनों के चेहरे अच्छी तरह उतर गए हैं, तो उसने मुस्कराकर कहा, ''मैंने अभी सर बोमनजी को टेलीफोन किया था, वह बोतलवाली वसीयत मिल जाने से बहुत खुश हुए हैं। वह तुम्हें मिलना चाहते हैं।'' सालीसिटर ने इंदू की ओर इशारा करके कहा।

इंदू घबराकर बोली, ''जब वसीयत कैंसिल हो चुकी है, तो मिलने से क्या फायदा?''

सालीसिटर ने कहा, ''सर बोमनजी की उम्र इस समय बियासी वर्ष की है, उनकी गिनती बंबई के कुछ गिने-चुने करोड़पतियों में होती है। वह बहुत कम लोगों को मिलने का समय देते हैं, आपका यह सौभाग्य है।'' इतना कहकर

सालीसिटर रुक गया।

"मुलाकात करने में क्या हर्ज है?" रंजीत ने इंदू को मशवरा दिया।

"हो सकता है।" सालीसिटर ने बात बढ़ाते हुए कहा, "वह तुम्हें इनाम दें, या फिर से अपनी इस पुरानी वसीयत पर अमल करने का फैसला सुनाएँ। वह बहुत अजीब आदमी हैं, वह कुछ भी कर सकते हैं। गाड़ी बाहर तैयार खड़ी है।" सालीसिटर ने कहा।

इंदू और रंजीत दोनों उठ खड़े हुए।

3

बयासी वर्ष का सर बोमन एक हँसमुख बुड्ढा था। उसके सुंदर बरताव में इस दरजा बराबरी और खादारी थी जो बहुत ज्यादा दौलत होने या बिलकुल न होने की सूरत में पाई जाती है। वह बीच के कद का मोटा आदमी था, गोल हँसता हुआ चेहरा, मुस्कराती हुई आँखें, आगे बढ़ा हुआ पेट, इस समय उसने एक सुंदर पतलून पहन रखी थी जिसके गैलिस कंधों तक चढ़े हुए थे, खुले कालरों में उसके सीने के सफेद बाल दिखाई-दे रहे थे, ऊँचे माथे के ऊपर चँदिया साफ थी, केवल कनपटियों पर सफेद बालों के गुच्छे बाकी रह गए थे। वह इंदू और रंजीत को देखते ही आगे बढ़ा, उसने पहले रंजीत से हाथ मिलाया, फिर आगे बढ़कर बड़ी खुशी से इंदू को अपनी बाँहों में ले लिया, और उसकी बलैया लेने लगा।

"हाँ–तो तुम हो मेरी वारिस!"

इंदू इस सुंदर व्यवहार से शरमा गई। उसके गुलाब-जैसे गाल गहरे लाल होते गए।

"बड़ा प्यारा नाम है तुम्हारा, इंदू। इतना छोटा, इतना मीठा!" सर बोमन हँसकर बोला, "और तुम रहती कहाँ हो?"

सालीसिटर बोल उठा, "महालक्ष्मी के पास झोंपड़ पट्टी में।"

"हाँ-हाँ झोंपड़ पट्टी में। मुझे हमेशा से शुबहा था कि अब सुंदरता ने फोर्ट एरिया, कफ परेड और कुलाबे में पैदा होना बंद कर दिया है, अब बंबई की खूबसूरत-से-खूबसूरत औरतें सिर्फ बंबई की झोंपड़ पट्टियों की बस्ती में पैदा होती हैं। जैसे कीचड़ में कमल पैदा होता है, हाँ-हाँ…" इतना कहकर सर बोमन और भी जोर से हँसने लगा। इंदू और भी शरमा गई।

सर बोमन ने इंदू को अपने-आपसे अलग करके अपनी बाँहों को उसके कंधों पर रखकर ज़रा जोर से कहा, "क्या तुम मेरे साथ रहना पसंद करोगी? मेरा मतलब है, मेरी बेटी बनकर?"

इंदू ने झिझकते हुए कहा, "मेरी माँ है।"

"उसे यहाँ बुला लेंगे। और तुम्हारा बाप?"

"वह मर चुका है।"

"यह तो बहुत अच्छा है, मेरा मतलब है कि… मुझे बहुत दुःख है कि तुम्हारा बाप मर चुका है। मगर एक तरह से यह हमारी मुसीबत को कम करता है। अब मैं वास्तव में तुमसे एक बाप का-सा व्यवहार कर सकता हूँ। मेरे कोई बच्चा नहीं है, कोई सगा रिश्तेदार भी जिंदा नहीं है। बस, तुम्हीं को मेरी देखभाल करनी पड़ेगी। हा-हा-हा, कैसी अच्छी, पली-पलाई, खूबसूरत बेटी मिल गई है मुझको! मुझे यकीन है कावसजी, अगर मैं खुद से कोशिश करता तो ऐसी सुंदर बेटी कभी पैदा नहीं कर सकता था। हा-हा-हा।" फिर वह गंभीर होकर बोला, "यह (रंजीत की तरफ इशारा करके) यह कौन है?"

सालीसिटर बोला, "इसका नाम रंजीत है।"

"अच्छा यही वह लड़का है, जिसने बोतल को समंदर से निकालने में इंदू की मदद की।"

"जी।"

"इसे एक हजार रुपए देकर भेज दो। नहीं, दो हजार दे दो। इसने इंदू की मदद की है, हमें भी इसकी मदद करनी चाहिए। क्या करते हो रंजीत?"

"मेरे बाप का एक गैराज है, रेसकोर्स के पास, भास्कर गैराज। मैं अभी काम सीखता हूँ मोटर मैकेनिक का।"

"गाड़ी चलाते हो?"

"जी हाँ।"

"वेरी गुड, वेरी गुड, मुझे उम्मीद है, तुम बहुत बड़े मोटर मैकेनिक

बनोगे। कावसजी इस लड़के के गैराज का पता नोट कर लो, कभी-कभी अपनी गाड़ियाँ वहाँ मरम्मत के लिए जा सकती हैं।''

''जी, बहुत अच्छा।''

''आओ बेटी!'' बुड्ढा बोमनजी इंदू का हाथ पकड़कर दूसरे कमरे में जाने लगा।

''हम लोग लंच करेंगे। अब मैं ज्यादा इंतजार नहीं कर सकता, बहुत जोर से भूख लगी है। तुम्हें भी लग रही है न?'' मगर इंदू सर बोमन के साथ चलते-चलते पीछे मुड़-मुड़कर रंजीत को देखती जा रही थी।

बोमनजी इंदू को दूसरे कमरे की तरफ ले जाते हुए बोले, ''पीछे मुड़-मुड़कर क्या देखती हो? वह तुम्हारी मदद करनेवाला नौजवान अच्छा-खासा इनाम पा चुका है। उसके साथ मुनासिब व्यवहार किया गया है, जिसका वह हकदार था, बल्कि उससे कहीं ज्यादा। लो, हम आ गए खाने के कमरे में।''

इंदू के दिमाग में हलचल मची हुई थी। घटनाएँ इतनी तेजी से बदल रही थीं कि वह अपने विचारों को क्रम से अलग-अलग करके सोच नहीं सकती थी। सब गडमड हो रहा था। चलते समय वह रंजीत से कोई बात नहीं कर सकी थी, न रंजीत उससे। जो उन लोगों ने आँखों से कहा था वह इतना कम, इतना छोटा और अधूरा था कि उससे दिमाग और चेहरा भी गमगीन हो चला था, इंदू यह भी सोच नहीं सकती कि जो हो रहा है, वह हो रहा है, या नहीं हो रहा है। मगर यह बुड्ढा सपना तो नहीं हो सकता, सामने कफ परेड का सागर था। खाने के हॉल की एक पूरी दीवार, जो समंदर के सामने थी, काँच की बनी हुई थी, जिसमें ग्लास के मेहराबदार दरवाजे और जालियाँ थीं, और इन मेहराबों और जालियों में काँच के टुकड़े जड़े थे। और काँच के बड़े-बड़े कदे-आदम से भी बड़े दरवाजों के बड़े-बड़े पट नर्तकियों के चित्रों से सुसज्जित थे। जैसे वे नर्तकियाँ झाग की बनी हों। ऐसे पारदर्शक उनके काँच के बदन थे। इन शफाफ दीवारों से परे समंदर था। और मेरिन ड्राइव का अर्धगोलाकार की सूरत में फैला हुआ बाँध। नजर दूर तक जाती थी, तट के आखिरी किनारे तक जहाँ बंबई का राजभवन, हरे-भरे पेड़ों में घिरा हुआ खड़ा है। इंदू ने डाइनिंग हॉल में आते-आते अपनी जाँघ में चुटकी भरी, लेकिन उसे दर्द का भान नहीं हुआ, इससे उसे खयाल हुआ कि वह सपना देख रही है। मगर यह बुड्ढा तो सपना नहीं है, वह सामने का परेड का

समंदर, यह खाने की छत से लटकते हुए बड़े-बड़े फानूस, यह दूधिया चादर मेज पर बिछी हुई और चाँदी के बरतनों में रखा हुआ खाना, छुरी, काँटे, चमचे, बैरे, खादिमाएँ बेआवाज कदमों से उसके पास मेज पर सभ्यता से झुककर तरह-तरह के खाने पेश करती हुईं। हे भगवान, यह कैसा सपना है! मगर यह सपना तो नहीं।

बुड्ढे बोमनजी की आवाज उसके कानों में आई, ''तुम अपने हाथ से खाना खा सकती हो।'' फिर उसने खाने की देखभाल करनेवाली एक अधेड़ उम्र की औरत से कहा जो इंदू को सभ्य और खूबसूरत मालूम दी, ''ऐलिस, अब हमें इंदू के लिए एक गोरनेस का बंदोबस्त करना पड़ेगा।''

ऐलिस ने जवाब में हाँ में सिर झुका दिया, ''तुम कहाँ तक पढ़ी हो?'' सर बोमन ने इंदू से पूछा।

''सात दरजे तक।''

''वेरी गुड...वेरी गुड...शुरू करने के लिए यह बहुत काफी है, एक खूबसूरत लड़की के लिए स्कॉलर होना जरूरी नहीं है। लेकिन खाने के ढंग, लेकिन महफिल के आदाब, लेकिन बात करने के ढंग, लेकिन व्यंग करने के ढंग, लेकिन कपड़े पहनने के और उसमें अपनी उपज पैदा करने के ढंग, लेकिन हाँ को न, न को हाँ में बदल देने के ढंग, हँसने-मुस्कराने–दिल लेने, दिल तोड़ने, सिगरेट पीने, शराब ऑफर करने, हँसकर घायल करने और घायल करके नरम-नरम बातों से मरहम रखने के ढंग, और मरदों की दुनिया में रहने के लिए खूबसूरत खुश पोशाक कामयाब सुंदर औरतों को बहुत-से रेशमी हथियारों से लैस होना पड़ता है। हा-हा-हा—इस जाफरानी चिकिन को चखकर देखो, यह हमारे बाबरची की खास डिश है।''

''मगर मैं मांस नहीं खाती।''

''मांस नहीं खाती? और शराब भी नहीं पीतीं?''

''नहीं।''

''हा-हा-हां!'' सर बोमन जोर से हँसा। ''मुझे मालूम होना चाहिए था कि एक गुजराती लड़की...और वह भी...मगर।'' वह रुककर बोला, ''कोई बात नहीं, कोई बात नहीं, धीरे-धीरे सबकुछ सीख जाएगी, मेरी बेटी ऊँची सोसायटी में रहने के लिए सबकुछ सीख जाएगी। तुम्हारी माँ का क्या नाम है?''

"किम्मीबाई।"

"रमीबाई।"

"जी नहीं, किम्मीबाई।"

"ओह ''रमीबाई'' यकीनन रमीबाई है तुम्हारी माँ। लंच के बाद हम उस लेकर आएँगे। उसने वाकई रमी पर बहुत बड़ा दाव जीता है। रमबाई''' मुझे नए नाम देने का बहुत शौक है। लंच के बाद हम तुम्हारी माँ और उनका सारा सामान यहाँ लेकर आएँगे। वह बोतल कहाँ है, जिसमें तुम्हें यह दस्तावेज मिला था?"

इंदू ने अपने खाने की कुर्सी के नीचे अपना झोलानुमा बड़ा पर्स रख दिया था, उसमें से बोतल निकालते हुए बोली, "यह रही।"

बुड्ढे सर बोमन की आँखें हैरत और हर्ष से चमकने लगीं। वह बार-बार बोतल को उलट-पलटकर नीचे-ऊपर चारों तरफ से देखता रहा, बोतल के पेंदे पर कुछ पढ़कर उसे विश्वास हो गया। "बिलकुल वही बोतल, वही बोतल है, जरमन मूसल वायन नं. 1165 इस बोतल के पेंदे पर खुदा है, मैंने खुद वायन की इस खाली बोतल में यह दस्तावेज रखा था। आज से अट्ठारह वर्ष पहले. जब तुम ''तुम सिर्फ एक वर्ष की थीं, या दो वर्ष की या ''।"

"मैं एक साल की थी।" इंदू ने बताया।

सर बोमनजी ने खाली बोतल, हरे रंग की लंबी खाली बोतल को खाने की मेज पर रखकर सब बैरों और खादिमाओं को संबोधित करते हुए कहा, "यह वह दो करोड़ की बोतल है जो आज से अट्ठारह वर्ष पहले मैंने समंदर में डाली थी।"

"मगर वसीयत में तो सिर्फ एक करोड़ दर्ज है।" इंदू ने टोका।

"हा-हा-हा"—बोमनजी जोर से हँसा, "अट्ठारह साल पहले मेरी जायदाद की कीमत एक करोड़ थी, अब खुद-ब-खुद दो करोड़ हो चुकी है। हालाँकि पिछले डेढ़-दो साल में मैंने कोई काम नहीं किया, कोई बिजनेस नहीं किया, घर बैठकर खाया है। मगर रुपए में गुण है, मिस इंदुमती, कि एक खास गिनती और सीमा के बाद यह खुद-ब-खुद बढ़ता है, चंद सौ सिर्फ मुसीबत है, चंद हजार सिर्फ गरीबी है, चंद लाख भी थोड़े हैं, हाँ तीस-चालीस लाख के ऊपर दौलत खुद-ब-खुद बढ़ने लगती है। तुम्हें कुछ करना नहीं पड़ता, बस कुर्सी पर बैठी रहो और इस दौलत को खुद-ब-खुद एक गर्भवती औरत के पेट की तरह बढ़ते

हुए देखते जाओ। हा-हा-हा!" सेठ बोमनजी रुक गया और फिर इस हरी बोतल को मेज पर सजाकर और सबको संबोधित करते हुए ड्रामाई अंदाज में बोला, "सुनो, यह दो करोड़ की बोतल है जो इस लड़की के हाथ आई है, आज से यह लड़की मेरी दो करोड़ की जायदाद की वारिस होगी।" एकाएक हॉल के एक कोने से चाँदी के एक बरतन के गिरने की आवाज जोर से आई, और इंदू और सर बोमनजी व दूसरे बैरों और खादिमाओं ने पलटकर देखा। ऐलिस के हाथ से चाँदी का बरतन छूटकर फर्श पर गिर गया था और वह झुककर उसे उठा रही थी। उसका सफेद चेहरा लाल होता जा रहा था।

4

इतना स्वादिष्ट और मजेदार खाना उसने आज तक नहीं खाया था, खाना खाने के बाद इंदू और बोमनजी दूसरे ड्राइंगरूम में आ बैठे, जहाँ उन्हें छोटे-छोटे प्यालों में कॉफी पेश की गई। इंदू को सोफे पर बैठते-बैठते नींद-सी आने लगी, घर पर तो वह टाट बिछाकर जमीन पर सोती थी, मगर यह सोफा उसे सोने की दावत दे रहा था, जाने किस चीज से बना हुआ था, कि उसके ज़रा भी हिलने-डुलने पर झूले का-सा आनंद देता था। उसे ऊँघ-सी आने लगी। बोमनजी उसके जीवन के बारे में पूछ रहा था, और वह नींद के नशे में डूबी हुई ऊँ, आँ, करके जवाब दे रही थी। फिर उसने यह जवाब भी देना बंद कर दिया। अब नींद ने उसे अपनी गोद में अच्छी तरह से छिपा लिया था, और वह वहीं सोफे से टेक लगाए आधी लेटी हुई-सी सो गई। मालूम नहीं कब तक सोती रही, एकाएक किसी आहट पर चौंककर उठी, तो दो खादिमाएँ ड्राइंगरूम की बत्तियाँ और फानूस जला रही थीं, शायद स्विच गिराने का खटका हुआ था।

जब वह जागी तो उसने अपने शरीर के चारों ओर नरम-नरम रेशमी लिहाफ को लिपटे हुए पाया, उसे नींद में डूबे देखकर बोमनजी ने यह लिहाफ

उसके चारों ओर स्वयं उढ़ा दिया था, और समझा दिया था कि जब तक इंदू सोना चाहे उसे सोने दिया जाए। अब शाम हो गई थी और इंदू जाग गई थी। एक नौकरानी ने सर बोमन को इंदू के जागने की खबर दी, बोमनजी ने आकर बड़े प्यार और दुलार से इंदू के सिर पर हाथ फ़ेरा और कहने लगा, "अब जल्दी से उठकर मुँह-हाथ धोकर तैयार हो जाओ, तुम्हारी माँ परेशान हो रही होगी, उसे लेकर आएँगे न ?"

एक नौकरानी इंदू को लेकर बाथरूम गई, उसने इंदू को बाथरूम के इस्तेमाल की तरकीबें समझाईं। माडर्न तरीके का बाथरूम शहरी जिंदगी का अंग है, वरना शरीर की साफ-सफाई असंभव है, वरना आदमी कुदरत के करीब रहे। पुराने जमाने के शहर छोटे होते थे, पास ही जंगल और नदी-नाले होते थे। इसलिए ज्यादातर घरों में बाथरूम का खयाल भी न था, क्योंकि जरूरत ही नहीं थी। लेकिन माडर्न शहरों के फैलाव और पेचीदा जिंदगी ने जंगलों को इंसानों से बहुत दूर कर दिया है। और बाथरूम की जरूरत अधिक-से-अधिक होती जाती है। मगर जिस झोंपड़ पट्टी की बस्ती में इंदू रहती थी, वहाँ बाथरूम का खयाल भी संभव न था। मुँह पर दो छपके मारे, साड़ी की शिकनें ठीक कीं, बालों को कसकर पीछे की तरफ मोड़कर जूड़ा बाँधा और तैयार, मगर इस तैयारी के होते हुए भी सारे शरीर में एक बढ़ती हुई गंदगी का भान रहता है। जब पानी पीने के लिए ही कम मिले, और पचास झुग्गियों में एक नल हो तो फिर पर्सनल हाईजिन क्या मानी रखती है; पुराने जमाने के कस्बे और शहरों में हरएक के लिए साफ-सुथरा रहना संभव था। आजकल के बड़े शहरों में गरीबों के लिए संभव नहीं। और जिस बाथरूम का इंदू इस समय इस्तेमाल कर रही थी, ऐसा बाथरूम तो उसने सिर्फ फिल्मों में देखा था, फिल्मों ने बड़ा गजब ढाया है, अमीरों के घर उनके कमरे, उनकी शानो-शौकत, उनके लिबास, उनकी दावतें, उनके बाथरूम, उनका सामान आदि, रखकर जिस तरह गरीबों को ललचाया है, ऐसा तो न किसी सोशलिस्ट पार्टी से भी संभव हुआ होगा। बोमनजी के खयाल में फिल्में, खासतौर पर मनोरंजक फिल्में, वर्गीय शत्रुता का सबसे बड़ा हथियार साबित हो रही हैं। सर बोमनजी के खयाल में शक्ति सामंत, सुबोध मुकर्जी, भप्पी सोनी, जार्ज फर्नांडीस से भी ज्यादा खतरनाक हैं। टब का हल्का गुनगुना पानी रंजीत की बाँहों की तरह उसके चारों ओर लिपटा जा रहा था। इंदू को फिर नींद-सी आने लगी। बड़ी मुश्किल से उसने अपने-आपको

टब से बाहर निकालने पर तैयार किया और खुशबुओं में रचे हुए बड़े-बड़े तौलियों से अपने शरीर को पोंछा। और फिर वही ब्लाउज और स्कर्ट पहन लिया जो कल तक इतना सुंदर और आँखों में बसा हुआ था, और जो आज किसी तरह आँखों में जँचता न था।

तैयार होकर वह सर बोमन के पास ड्राइंगरूम में पहुँची। अच्छे और श्रेष्ठ स्नान की वजह से इंदू की सुंदरता और निखर गई थी। मगर वे कपड़े अब उस पर शोभा नहीं दे रहे थे। सर बोमन ने एक बार इंदू पर सिर से पाँव तक निगाह डाली, कुछ सोचा, कुछ फैसले किए। मगर इस समय उसने इंदू से कुछ नहीं कहा, क्योंकि वह अपनी माँ से मिलने के लिए बेचैन थी और उसके बाद रंजीत से। कल वह जरूर सर बोमन से रंजीत के बारे में बातचीत करेगी, एक बार में एक ही मसला तै हो सकता है न?

नौजवान वकील कावसजी करसटजी भी ड्राइंगरूम में मौजूद था। उसने भी गहरी निगाहों से इंदू को सिर से पाँव तक देखा था, और उसने दिल और दिमाग में अपनी जगह कुछ फैसले किए थे, और यह बहुत अच्छा है कि भगवान ने मानव के दिमाग को एक मजबूत खोपड़ी में छिपाया है, जहाँ से उसकी अंदरूनी क्रिया दिखाई नहीं देती। मान लो कि इंसान की खोपड़ी काँच की बनी होती, और उस पर कोई ऐसी तरकीब निकल आती जिसमें हर इंसानी खयाल और अमल की दिमागी तस्वीर टेलीविजन की तरह दिखाई दे जाती तो इंसान की समाजी जिंदगी असंभव हो जाती, मान लो एक ड्राइंगरूम में एक आदमी हाथ में मद का प्याला लिए आपसे मीठी-मीठी बातें कर रहा है, और तुम अपने प्राइवेट टेलीविजन की सहायता से यह देख रहे हो कि अंदर-ही-अंदर वह तुमसे इतना जला बैठा है कि तुम्हारी ज़ान ले लेना चाहता है, तो एक तरह से तो यह अच्छा होता कि तुम खबरदार हो जाते, मगर समाजी जीवन बिलकुल असंभव हो जाता। क्योंकि हममें से हर इंसान नफरत करता है, और अधिकतर और अवश्य करता है, मोहब्बत तो बहुत ही दुर्लभ वस्तु है, और कभी-कभी हमारे आस-पास के गदले वायु-स्थल में घुनक की तरह के सौंदर्य या इंदू की तरह दिखाई दे जाती है।

"चलें।" सर बोमन ने बड़े प्यार से इंदू के कंधे पर हाथ रखकर कहा।

इंदू ने हाँ में सिर हिला दिया।

एक शानदार कैडीलेक में तीनों बैठकर चले। इंदू को रास्ता देने के लिए सर

बोमन और करसटजी पीछे हट गए थे। वर्दी पहने ड्राइवर ने आगे बढ़कर दरवाजा खोला, पीछे सर बोमन और इंदू बैठ गए, आगे की सीट पर ड्राइवर के साथ कावसजी करसटजी बैठ गया, जब इंदू रंजीत को लेकर कावसजी करसटजी से मिलने गई थी, तो उस समय करसटजी उसे बहुत बड़ा आफिसर-सा दिखाई दिया था, जिसके हाथ में उसकी किस्मत थी। अब वही कावसजी करसटजी एक मामूली नौकर-सा लग रहा था, जिसकी जगह ड्राइवर के साथ थी, हालाँकि चंद लाख तो उसके पास भी होंगे। मगर चंद लाख की दो करोड़ के सामने क्या हस्ती है। इंदू ने अपने-आपको करसटजी से बहुत ऊँचा समझा, और साथ-ही-साथ इंदू ने यह भी सोचा कि इंसान कितनी जल्दी अपने-आपको बदले हुए हालात के लायक बना लेना चाहता है। खासकर जब हालात अच्छे हों। केवल नीचे गिरते समय इंसान उलझन, दुःख, पीड़ा और कठिनाई महसूस करता है, क्योंकि इंसान को गिरावट प्रिय नहीं है। लेकिन इस समय कैडीलेक में बैठकर इंदू को कुछ ऐसा लग रहा था, जैसा उसे कई बार हैंगिंग गार्डन की ऊँचाइयों से नीचे बंबई की बिल्डिंगों को देखकर हुआ था। उस समय सारा शहर उसे अपने कदमों-तले दिखाई दिया था, कुछ ऐसी ही मिलती-जुलती हालत इस समय उसके दिल की थी—फिर एकाएक उसके दिमाग में एक और खयाल आया और उसके आते ही उसका चेहरा एकदम पीला पड़ गया, और दिल घबराने-सा लगा। कहीं ये लोग मुझे वापस उसी झोंपड़ पट्टी में छोड़ने तो नहीं जा रहे हैं, तरह-तरह के हीलों बहानों की मिसालें देकर वह पूरा रास्ता अपने-आपको समझाती रही, मगर यह शक बार-बार सिर उठाता रहा। इंदू रास्ता बताती रही, क्योंकि करसटजी, ड्राइवर और बोमनजी किसी को इस झोंपड़ पट्टी का रास्ता ठीक तरह से मालूम न था। इतना मालूम होता था दूर से देखने पर, महालक्ष्मी से गुजरने पर कि यहाँ, वहाँ, जहाँ झोंपड़े दिखाई देते हैं, और नीची छतें और टूटी-फूटी दीवार और टाट की बोरियाँ लटकी हुई, और औरतें लड़ती हुईं, और नंग-धड़ंग बच्चे शोर मचाते हुए, और चूहों के बिलों की तरह छेदवाले दरवाजे, दूर से दिखाई देते हैं, वह कोई झोंपड़ पट्टी की बस्ती होगी। मगर न ड्राइवर वहाँ रहता था, न करसटजी का कोई ग्राहक, और न सर बोमन का कोई दोस्त। और पंचानवाला, हर आदमी अपने सरकल में घूमता है, अपने बैंक बैलेंस के मुताबिक हस्ती और हैसियत के मुताबिक समाज में तह-दर-तह छोटे-बड़े दायरे हैं। बड़े-बड़े दायरे, नीचे हैं

जिनमें लाखों इंसान समा जाते हैं, ज्यों-ज्यों इंसान ऊपर उठता जाता है ये दायरे तंग हो जाते हैं, निचले दायरों में चंद हजार समा पाते हैं। और फिर चंद सौ, सबसे ऊपर के दायरे में चंद इंसान ही रह जाते हैं, गिने-चुने, और वह लोग समाज की चोटी पर रहते हैं। जहाँ हवा ताजा और खुली है, ऑक्सीजन भरपेट मिलती है। धूप की कमी नहीं है, और फूलों की सुगंध, एक बड़ा आकर्षणमय दृश्य, चारों ओर फैला हुआ, और सामने समंदर लहरें लेता हुआ, मगर हर छोटा दायरा अपने से बड़े-बड़े निचले दायरे के ऊपर खड़ा हुआ है और निचला दायरा अपने से भी बड़े और निचले दायरे की बुनियाद पर खड़ा है। मगर इतनी ऊँचाई पर पहुँचकर मानव सब भूल जाता है।

जब कैडीलेक झोंपड़ पट्टी के पास रुक गई तो बदबुओं से सर बोमनजी का दिमाग फटने लगा, उसने अपनी सारी जिंदगी में ऐसी बदबुएँ नहीं सूँघी थीं, न ऐसे पशु-भाव तथा स्वभाव के बालक देखे थे, जिन्होंने चिल्ला-चिल्लाकर गाड़ी को चारों ओर से घेर लिया था। उसने रूमाल अपने मुँह पर रख लिया, मगर रूमाल की खुशबूदार तहों से गरीबी, भूख, बीमारी और तंगदस्ती की बदबू उसके नथुनों में चली आ रही थी, हालाँकि करसटजी ने उसे बता दिया था, कि यह सारी बस्ती, जिसमें झुग्गियों और झोंपड़ों का बहुत बड़ा फैलाव था सर बोमन की अपनी मिल्कियत में शामिल था। और इन झुग्गियों का किराया उसके कारिंदे वसूल करते थे। मगर इससे क्या अंतर पड़ता है, बदसूरती तो बदसूरती है। और नाजुक मिजाज सर बोमन उसे ज्यादा देर तक सहन नहीं कर सकता था। इसलिए उसने इंदू को हिदायत की कि वह कावसजी करसटजी और ड्राइवर के साथ झोंपड़ पट्टी के अंदर अपने घर तक जाए, और अपनी माँ को साथ लेकर जल्दी से आ जाएं। ज्योंही इंदू झोंपड़ पट्टी की लंबी अँधेरी, बदबू-भरी गली में दाखिल हुई, बच्चों और लड़कों ने उसे पहचानकर शोर मचाना शुरू किया। दरवाजों पर औरतें अपना काम छोड़कर जमा हो गई थीं। बच्चों को कमर पर लादे हुए, या आटे से लिथड़े हुए हाथों को पीछे छिपाए हुए, बच्चों ने सारी झोंपड़ पट्टी में यह खबर फैला दी थी कि इंदू किसी अमीर सेठ के साथ कोई दो मील लंबी गाड़ी में बैठकर आई है। और जब इंदू अपने घर के बाहर पहुँची, तो उसने देखा कि उसकी माँ पहले से ही दरवाजे पर खड़ी उसकी बाट देख रही है। किम्मीबाई का चेहरा खुशी से खिला हुआ था। उसने इंदू को बाँहों में लेकर चटपट बलाएँ लेनी शुरू कर दीं और सब हाल पूछना चाहा। मगर करसटजी ने

बीच में टोककर जल्दी से कहा, "वह तुमको बाद में बता दिया जाएगा। अभी तो तुम फौरन अपनी बेटी के साथ चलो।"

"कहाँ पर ?" माँ ने हैरत से सवाल किया।

"वह भी बाद में बताएँगे। पहले तुम चलो तो।"

ड्राइवर बोला, "बाहर सेठ जल्दी में हैं।"

"मैं अपना सामान तो ले लूँ।"

"सामान लेने की भी जरूरत नहीं।" करसटजी ने ज़रा कड़े लहजे में कहा, "सेठ की गाड़ी में इस गंदगी के लिए कोई जगह नहीं है।"

"मगर मेरी सीने की मशीन।" माँ ने कुछ घबराकर कहा।

"नई मिल जाएगी।" करसटजी ने भरोसे-भरे लहजे में कहा, फिर ड्राइवर से कहने लगा, "तुम किसी को पैसा देकर किम्मीबाई के घर पर रहने और उसके सामान की रखवाली करने के लिए बोलो, मैं इन लोगों को लेकर बाहर चलता हूँ।"

"जी, बहुत अच्छा।" कहकर ड्राइवर अपने काम में लग गया।

करसटजी इंदू और उसकी माँ को लेकर बाहर आ गया।

इंदू ने गाड़ी के पास पहुँचकर सेठ बोमन का परिचय अपनी माँ से कराया। सेठ बोमनजी ने साहेबजी तो की, मगर उसके चेहरे के हाव-भाव से मालूम होता था कि वह किम्मीबाई को देखकर खुश नहीं हुआ, इंदू किसी तरह किम्मीबाई की औलाद मालूम नहीं होती थी। सूखी, दुबली, साँवली, मैले-कुचैले कपड़े पहने हुए, हाँ उसकी आँखों में एक होशियारी और चालाकी की चमक जरूर मौजूद थी। उसने झुककर सेठ को सलाम किया और सेठ ने उसे जल्दी से ड्राइवर के पास सीट पर बैठ जाने का हुक्म दिया। इतने में ड्राइवर सब बंदोबस्त करके आ गया, और आते ही किम्मीबाई ने ड्राइवर से सवाल किया, तो ड्राइवर बोला, "झबरे को तुम्हारे घर की रखवाली पर लगा दिया है।"

झबरे का नाम सुनकर किम्मीबाई एकदम शांत हो गई। उसने कमर से एक पोटली निकालकर उसे खोला, खोलकर एक जंग लगी डिबिया निकाली, डिबिया निकालकर उसे खोला और खोलकर एक चुटकी नसवार लेकर अपने नथनों में सुड़क ली। बोमनजी ने गले में एक मतली-सी महसूस की, मगर सर बोमन किसी-न-किसी तरह उसे दबा देने में सफल हो गया। करसटजी ने भी किसी तरह उस गंदी-मैली औरत के साथ चंद मिनट के लिए बैठना स्वीकार कर

लिया। अगर उस समय उसका मुवक्कल सर बोमन न होता, कोई दूसरा कम हैसियत का मालिक होता, तो वह साफ इनकार कर देता, मगर वह तो सर बोमन का अपना सालीसिटर था, और उससे पहले उसका बाप सर बोमन का सालीसिटर था। वे लोग सर बोमन के खानदान के बढ़ाए हुए थे। और एक तरह से उनकी कंपनी जो कई लाख रुपए की मालिक थी, सर बोमन और उसके खानदान का परिदान थी। इसलिए कुछ पलों की गंदगी बर्दाश्त करनी पड़ेगी। जिस तरह मजदूरों के डेलीगेशन को मिल-मालिक अपने शानदार ऑफिस में चंद मिनट के लिए बर्दाश्त कर लेता है। हैरत से फटी हुई आँखों से झोंपड़ पट्टी के सैकड़ों मर्द, औरतों, लड़कों और बच्चों ने कल तक यहीं रहनेवाली इंदू और माँ किम्मीबाई को उस शानदार गाड़ी में बैठकर जाते देखा, जो अंदर से एयरकंडीशंड थी, और जो इस कदर लंबी मालूम देती थी कि झोंपड़ पट्टी की आठ खोलियाँ मिलाकर भी एक लाइन में खड़ी कर दी जाएँ तो छोटी पड़ें। और ईर्ष्या से रानीबाला जलकर राख हो गई। मगर उसने, अपनी जलन को छिपाते हुए एक व्यंग-भरा ठहाका लगाने की कोशिश की, मगर झोंपड़ पट्टी में रहनेवाले इतनी हैरत में डूब गए थे और गाड़ी इतनी खूबसूरत थी, और सेठ इतना अमीर दिखाई देता था, और ड्राइवर के मुँह से उसका नाम भी बहुत-से लोगों ने सुन लिया था, और झबरे ने यहाँ तक बता दिया था कि उस पूरी झोंपड़ पट्टी का वास्तव में वही मालिक था। इन सब बातों के होते हुए किसी को रानीबाला के खोखले ठहाके में अपनी हँसी मिलाने की हिम्मत नहीं हुई और उसका ठहाका एक निर्बल गूँज में दबकर रह गया, और जब गाड़ी चली गई तो कई लोग तो इंदू की खुशनसीबी को किम्मीबाई की चालाकी का परिणाम कह रहे थे, कुछ लोग कह रहे थे, "कि बेटी माँ से भी ज्यादा होशियार निकली है।" कुछ लोग उसे केवल समय का परिवर्तन समझ रहे थे। सिर्फ रानीबाला की माँ ने घर आकर अपनी बेटी को देखते हुए कहा, "एक इंदू है, एक तू है, जो हर समय निचले दरजे के ड्राइवरों, मोटर मैकेनिकों और बँगलों में काम करनेवाले बाबरचियों के साथ घूमती फिरती है, और एक इंदू है, अपनी आँखों से देख लिया तूने, हरामजादी।" इतना कहकर रानीबाला की माँ भी भीकाबाई ने अपनी बेटी को मारने के लिए हाथ उठाया, मगर रानीबाला लचककर पलट गई और फिर अपने सीने की नोकें भाले की नोक की तरह उठाए झोंपड़ पट्टी के बाहर नारियल के एक बड़े छप्पर में तरह-तरह के सामानों से भरी हुई केरल से आए हुए छोटे

कद शेट्टी की दुकान में घुसकर कहने लगी, "हमाम साबुन की एक टिकिया दो, सर धोना है।"

"पैसे लाई हो ?" शेट्टी ने पूछा।

रानीबाला ने जल्दी से अपना मुँह आगे कर दिया। शेट्टी ने जल्दी से इधर-उधर देखकर, और दुकान पर किसी ग्राहक को न पाकर रानीबाला के होंठ चूम लिए। फिर जल्दी से रानीबाला ने उसे धक्का देकर अपने से अलग कर दिया। और जब शेट्टी हाथ बढ़ाकर लकड़ी के एक खाने से हमाम की टिकिया उठा रहा था तो उस चुंबन के करेंट से अभी तक उसका सारा शरीर ताँबे के तार की तरह झन्ना रहा था।

रानीबाला साबुन की टिकिया हाथ में लेकर झूमती हुई दुकान से बाहर गई, उसे देखकर सड़क से गुजरते हुए सत्रह नं. के बँगले के बाबरची ने सीटी बजाई।

रानीबाला ने ज़ुबान निकालकर उसको मुँह चिढ़ा दिया।

"पिक्चर देखने चलोगी ?" बाबरची ने जेब से पाँच का नोट निकालकर उसे दिखाया।

"अपनी माँ को ले जा।" रानीबाला बड़े तीखे लहजे में बोली और नागिन-जैसी चोटी को हवा में लहराकर घूम गई। उसकी आँखों में हर समय ऐसी मस्ती रहती थी जैसे उसने नोटाक पी रखी हो। इस नशे और मस्ती की हालत में कुछ सोच भी नहीं सकती थी, पर आज इंदू ने उसे भी सोचने पर मजबूर कर दिया था। उसने झोंपड़ पट्टी के बाहर रुककर, लकड़ी के एक टूटे जंगले का सहारा लेकर, एक बंबू उठा लिया और पाँव से लिपटे हुए बिछुए को बजाने लगी और सोचने लगी कि क्यों ? अंदर-ही-अंदर उसका सारा शरीर थिरकता रहता है, हाय यह मेरा बदन, मुझे चैन लेने दे तो मैं कुछ सोचूँ !

रानीबाला लकड़ी के जंगले की टेक लगाए यही सोचती रही, बिछवा उसे चाँदी का राग सुनाता रहा, चंद गज के फासले पर भास्कर गैराज के बाहर सनकेसर के पेड़ के नीचे रंजीत गमगीन और उदास खोया-खोया-सा खड़ा था। गाड़ी कब की निकल गई थी, और अब हैंगिग गार्डन की बल खाती ऊँचाइयों से गुजर रही थी। कभी-कभी उसका हार्न चाँदी के राग की तरह बज उठता। बाईं तरफ बच्चों के पार्क में फूलों से लदे पेड़ और पौधे मानो बाँहें फैला-फैलाकर उन्हें हेलो कहते हुए गुजर गए। यह अमीर लोग ज़िंदा रहना जानते हैं। शायद

अब मेरी बेटी भी इसी तरह जिंदा रह सकेगी। किम्मीबाई ने खुश होकर कमर के किसी दूसरे हिस्से से साड़ी के दबे हुए कोने को पलटकर एक बीड़ी निकाली और मुँह में उसे दबाते हुए करसटजी से कहने लगी, "तुम्हारे पास माचिस होगी, मैं जल्दी में भूल आई हूँ।"

किम्मीबाई अपने पीले-पीले दाँतों से मुस्करा दी। कावसजी को उसके मुँह से बदबू का एक भभका-सा छूटता लगा, जिसमें तंबाकू, लहसुन, प्याज और गली-सड़ी भाजी के रेशों की बदबू शामिल थी। ऐसी बदबू ऐसे मुँह की खासियत बन जाती है, बचपन से बुढ़ापे तक, और फिर लाखों खोलियों, झुग्गियों और झोंपड़ों में दिन-रात ऐसे ही मुँह चूमे जाते हैं। और चूँकि वह दूसरे मुँह भी ऐसे ही बदबूदार होते हैं, इसीलिए किसी को किसी से गिला नहीं होता, बल्कि आदत से मजबूर होकर, वही बदबू मोहब्बत की महक बन जाती है। बल्कि ऐसे होंठ किसी को मीठे भी लगते होंगे।

करसटजी के माथे पर बल पड़ गए, वह कहने ही वाला था कि उसके पास माचिस नहीं है, फिर यह सोचकर रुक गया कि किम्मीबाई तो इंदू की माँ है। इसलिए उसने अपनी जेब को टटोला और लाइटर निकालकर जलाकर उसके मुँह के पास ले गया। किम्मीबाई ने बड़े ठाठ से बीड़ी सुलगाई और उसका धुआँ हौले-हौले मुँह से निकालने लगी।

चाँदी का बिछुवा बजाते-बजाते जब रानीबाला थक गई तो उसने यह पाँव नीचे रख दिया फिर अपने हुस्न का सारा बोझ उस पर डाल दिया, और दूसरा पाँव उठाकर जंगले की लकड़ी पर रखकर उसे बजाने लगी, उसे मालूम था कि उसका सारा शरीर एक ताजा पके हुए सेब की तरह रसदार है। पहली निगाह में देखकर कोई उसकी सुंदरता के विरुद्ध नहीं जा सकता था। दूसरे क्षण में चाहे उसे अपनी पत्नी का खयाल आए, या अपनी इज्जत का या अपनी मान-मर्यादा का, मगर पहली निगाह में उसकी सुंदरता किसी ऐसे पके रसदार फल का ही दृश्य दिखाती है, जो किसी की झोली में गिरने के लिए बेचैन हो। और इसमें कोई शुबहा भी नहीं था कि खुद रानीबाला को अपने शरीर की बेचैनी और बेसब्री का अच्छी तरह अनुमान था और उसे जबर्दस्ती से काबू में रखना उसे मुश्किल दिखाई देता था। अब वह किस-किसको काबू में करे, आगे के जोबन को कि पीछे के कूल्हों के घुमावों को, कि उड़ती-मचलती निगाहों को कि खुद-ब-खुद मुँह से फूट पड़नेवाली हँसी को। कभी-कभी उसे ऐसा प्रतीत होता

था, जैसे ये सब अंग उसके शरीर का भाग नहीं हैं बल्कि उसके शरीर में रहनेवाली अलग-अलग हस्तियाँ हैं। अगर वह एक पर काबू पाती है तो दूसरी बेकाबू हो जाती है। वह होंठ बंद कर लेती है तो आँखें चलने लगती हैं, चाल धीमी करती है, तो सीना डोलने लगता है, गरदन नीची करके ज़ुबान पर काबू पाती है, तो कूल्हे बेतरह घूमने लगते हैं। हाय री एक जवान औरत के लिए अपने-आपको काबू में रखना कितना कठिन है।

रंजीत अभी तक सवकेसर के पेड़ के नीचे खोया-खोया-सा खड़ा था।

हौले-हौले कदमों से दौड़ती हुई रानीबाला उसके पास पहुँची। पास आकर उसने बड़ी अदा से एक उँगली मुँह में दबाई, आँखें बचाकर उसकी ओर देखा और बोली, "हाय, बेचारे को छोड़कर चली गई!"

रंजीत ने चौंककर देखा। पास में रानीबाला बड़े तिरछे अंदाज में खड़ी थी। "क्या है?" उसने डाँटकर कहा।

"इंदू।" रानीबाला ने बड़े भोलेपन से कहा। फिर हाथ हिलाकर बोली, "चली गई!"

"तुझसे कौन बात करता है।" रंजीत ने कड़े लहजे में कहा।

"ऐ बाबू!" बाला ज़रा देर रुककर बोली।

"क्या है?"

"क्या मरा जा रहा है, उस छिनाल के गम में, दुनिया में और भी लड़कियाँ हैं।" इतना कहकर रानीबाला ने एक हाथ अपनी कमर पर रखा, सीने को उभारकर ज़रा-सा डुलाया और दूसरे हाथ से माथे पर आई हुई उलझी लट सुलझाते हुए गुनगुनाने लगी, "लट उलझी बालम, लट उलझी बालम।"

रंजीत ने गुस्से से हाथ उठाकर कहा, "भागती है यहाँ से कि दूँ एक।"

रानीबाला हँसकर भाग गई। भागते-भागते दूर तक पीछे मुड़-मुड़कर देखती जा रही थी। रंजीत ने सोचा गजब का नमक है साली में, मगर बड़ी सस्ती छोकरी है, बेपनाह कशिश है उसके शरीर में मगर मैं ऐसा नहीं। अलबत्ता अगर यह रात के किसी नरम अँधेरे में यों ही अचानक मिल जाए और अपने गाल मेरे गाल से लगा दे तो इस नरम-गरम साँस को मना करना मुश्किल हो जाएगा।

5

बोमन लॉज कफ परेड पर तीनमंजिला महलनुमा मकान था। तीसरी मंजिल की छत पर एक बड़ा मुग़लई गुंबद था, और उसके दोनों तरफ दो मीनार और उनके ऊपर दो छै-कोनी राजपूतानी बुर्जियाँ थीं, जिनमें खड़े होकर आधा बंबई दिखाई देता था। मुगलई गुंबद के सामने की छत पर गमलों की मदद से एक सुंदर बगीचा बनाया गया था, जिसे आजकल रूफ गार्डन कहते हैं। मुगल गुंबद को दृश्य में सम्मिलित करके दूर से देखने पर यह बगीचा बड़ा ही सुंदर दिखाई देता था। गरमियों के दिनों में यहाँ खुली पार्टियाँ होती थीं और फिल्ट लाइट का भी प्रबंध था। पूरे गुंबद को रोशनी से सजाने के लिए बिजली के लट्टू की लाइनें—गोटें और लहरिए ज़री के काम की तरह गुंबद पर खास-खास जगहों पर बिछाई जातीं, मगर इस समय बगीचे में बहुत कम रोशनी थी। बारीक लोहे की जाली की क़दे-आदम दीवार पर रात की रानी की डालियाँ फैली हुई थीं, और उनके पीछे से मद्धिम-सी रोशनी रातरानी की सुगंध के साथ आ रही थी। जैसे फूल रोशनी दे रहे हों, और पत्तियों से खुशबू उड़ रही हो। शायद यह सुगंध का ही प्रभाव था कि इस समय इंदू को रह-रहकर रंजीत याद आ रहा था। रात के धुँधले सायों में, उसके महकते हुए अँधेरे में मलगजी रोशनी की शतरंजी में उसे कभी यहाँ कभी वहाँ रंजीत खड़ा हुआ दिखाई देता, शिकायत करता हुआ एक खामोश बुत-सा, और फिर कुछ ही पलों में हवा के धुदलकों में घुल जाता और इंदू के दिल में दर्द की एक हल्की-सी लकीर छोड़ जाता। इंदू के होंठों से एक दबी-दबी-सी आह निकली। सर बोमन रात के खाने के बाद इंदू और करसटजी को लेकर ऊपर बागीचे में घूम रहे थे। रात की रानी वाली जाली के सामने, हालाँकि बगीचे में और भी सुंदर तथा खूबसूरत कोने थे, मगर सर बोमन को यही जगह प्रिय थी। सर बोमन इस समय बड़ी बेचैनी से दाएँ से बाएँ, बाएँ से दाएँ टहल रहे थे। हर पल, हर क्षण उनकी बेचैनी और उदासी बढ़ती जा रही थी। इंदू एक क्यूबनपाम के सुडौल तने से टेक लगाए खड़ी थी और कावसजी बार-बार अपने चश्मे के शीशों को साफ करता हुआ, इस उलझन को समझने की कोशिश कर रहा था जो इस समय सर बोमन को परेशान किए

हुए थी। लेकिन जिसे समझने में वह अपने आपको असमर्थ पा रहा था। एकाएक सर बोमन ने टहलते-टहलते रुककर कहा, ''मैं इंसान हूँ।''

इंदू को हँसी आ गई, मगर उसने इस समय अपनी हँसी दबा ली और मुँह पर हाथ रख लिया।

''मैं इंसानी भावनाओं और रिश्तों को समझता हूँ और उनकी कद्र करता हूँ।''

कावसजी की समझ में अभी तक कुछ न आया।

फिर सर बोमन इंदू के सामने रुककर बोला, ''तुम ठीक हो, यानी तुम्हें ठीक कर लिया जाएगा, मगर...।''

मामला अब कुछ-कुछ कावसजी की समझ में आने लगा। इंदू की समझ में कुछ नहीं आया।

''मगर तुम्हारी माँ...'' सर बोमन ने अपने दोनों कंधे उचकाए, दोनों हाथ फैलाए, और घुटे हुए लहजे में बोला, ''नामुमकिन—नामुमकिन।''

''मगर वह मेरी माँ है।'' इंदू की आँखों में आँसू आने लगे।

''मैं कब कहता हूँ वह तुम्हारी माँ नहीं है, हालाँकि लगती नहीं है।'' सर बोमन ने हाथ मलते हुए कहा, ''जब तक मैंने उसे देखा नहीं था, मैं समझता था कि वह... वह तुम्हारी एक तरह की बुड्ढी नकल होगी। मगर वह तो... बिलकुल ही... तुमसे... बिलकुल ही अलग है। उसकी सही जगह वही झोंपड़ पट्टी है। यह घर नहीं है।''

''आप मुझे मेरी माँ को छोड़ देने के लिए कह रहे हैं।''

''मैं ऐसी कोई बात नहीं कह रहा हूँ, लेकिन सर बोमन का घर एक शरीफ इज्जतदार पुराना घराना है, बंबई का, जिसकी अपनी एक इज्जत और शोहरत है, प्रतिष्ठा है और मर्यादा है। तुम नौजवान हो, और खूबसूरत हो, और दिमाग भी तुम्हारा अच्छा लगता है। तुम पर मेहनत की जा सकती है, और मेहनत के बाद तुम्हें इस लायक बनाया जा सकता है कि तुम मेरी जायदाद की सही वारिस बन सको और सर बोमन के साथ हमारी मजलिसी सोसाइटी में घूम सको। लेकिन तुम्हारी माँ...? कावसजी, क्या तुम दो करोड़ की वारिस—बंबई की सबसे अमीर लड़की की माँ उस औरत को मंजूर कर सकते हो जिसे हम अभी धोबी लैन से उठाकर लाए हैं?''

''मैं अपनी माँ के बिना नहीं रह सकती।'' इंदू ने जिद करते हुए कहा।

"जिसने मुझे जन्म दिया...पाला...पोसा...जवान किया, उसे आज मैं अपने अच्छे दिनों में छोड़ दूँ?"

"क्या नामुमकिन?"

"तुम्हारे साथ उसका रहना नामुमकिन है।"

"छोड़ने की बात कौन करता है, इंदू!" सर बोमन जल्दी से उसे पुचकारकर बोले, "मैं उसे सूरत भेज सकता हूँ, या जहाँ उसका जी चाहे, जिस शहर में चाहे, वह रह सकती है, वहाँ उसके रहने-सहने, खाने-पीने, कपड़े-लत्ते, नौकर-चाकर का पूरा प्रबंध कर दिया जाएगा, इसके अलावा उसे पाँच सौ रुपए महीना जेबखर्च दिया जाएगा।"

"वह किसी दूसरे शहर में रहेगी।" इंदू बोली, "तो मैं उसे हर रोज देखने कैसे जा सकूँगी?"

"हर रोज तो मुमकिन नहीं होगा और मैं इसे पसंद भी नहीं करूँगा, लेकिन तीसरे-चौथे महीने, साल में दो-तीन बार तुम उससे जाकर मिल सकती हो। तुम समझने की कोशिश करो इंदू! जिस तरह की जिंदगी मैं तुम्हारे लिए प्लान कर रहा हूँ, उसमें वह बेचारी, हालाँकि इसमें उसका कोई कसूर नहीं, वह किसी तरह फिट नहीं होती।"

"पर वह मेरी माँ जो है।" इंदू फिर वही रट लगाने लगी।

सर बोमन का चेहरा गुस्से से लाल होने लगा।

कावसजी ने बड़ी नरमी से कहा, "मेरा एक और सुझाव है। इंदू की माँ यहीं इस घर में रह सकती है।"

"नामुमकिन।" सर बोमन ने सख्ती से सिर हिलाया।

"ज़रा मेरा सुझाव तो सुन लीजिए। इंदू की माँ इस घर में रह सकती है, मगर माँ बनकर नहीं, नौकरानी बनकर। इंदू और हम दोनों के सिवाय किसी को पता नहीं चलना चाहिए कि वह इंदू की माँ है। उसे नौकरखाने में एक अलग कमरा दे दिया जाएगा, वहाँ पर उसे किसी तरह की तकलीफ नहीं होगी। खाने-पीने और रहने की। और देखने में सबकी नजरों में वह एक नौकरानी होगी, और वही तनख्वाह मिलेगी जो यहाँ की एक नौकरानी को मिलती है। लेकिन अंदर से वह इंदू की माँ भी होगी, और इस तरह इंदू उससे हर रोज मिल सकती है।"

सर बोमन यह तरकीब सुनकर मुस्कराने लगे। "बहुत अच्छी तरकीब है,

आँ···बेहद उम्दा···और सुना इंदू!" सर बोमन बच्चों की तरह खुश होकर बोला। "कभी-कभी तुम बीमार होकर या बीमारी का बहाना करके उसे—यानी अपनी माँ को अपने कमरे में भी सुला सकती हो। और क्या चाहिए तुम्हें? इससे तुम्हारी बात भी रह जाती है, और मेरी बात भी बन जाती है। तुम हर रोज अपनी माँ से मिल सकती हो, और मैं तुम्हारी माँ को अपनी सोसायटी में तुम्हारी माँ कहकर पेश करने की शर्म से बच जाता हूँ।"

इंदू को सोच में देखकर, जल्दी से सर बोमन कावसजी से बोला, "बड़ा मसला है, इस मसले पर तुम खुद इंदू की माँ से बात कर लो।"

कावसजी नीचे चला गया, सर बोमन इंदू को लेकर उसे अपने रूफ गार्डन के अलग-अलग कोने दिखाने लगा। हर जगह और हर कोने में फूलों और झाड़ियों और गमलों में उगनेवाले पेड़ और पौधों के अलावा, छनती हुई रोशनी का बहुत ही अच्छा इंतजाम था, ख़ूबसूरत रंगीन लकड़ी की बेंचें और बेंत की कुर्सियाँ जगह-जगह रखी हुई थीं और उनके सामने मेजें। और एक कोने में एक जापानी ढंग का छोटा-सा लकड़ी का पुल था, जिसके दोनों तरफ जापानी लालटेनें लटक रही थीं और पुल के मेहराब के किनारों पर बिजली के रंगीन लट्टूओं की एक लाइन दुहरी-तिहरी होकर एक सिरे से दूसरे सिरे तक चली गई थी। सर बोमन ने बटन दबाकर रोशनी करके इस खूबसूरत पुल को दिखाया, "यह रूफ गार्डन मैंने मशहूर जापानी बागबान तकशी सोज़ोकी से बनवाया है। पूरे बंबई में इस तरह का कोई रूफ गार्डन नहीं है। इस पुल के नीचे का हर पत्थर एक खास तरीके से छत पर से जड़ा गया है, और पुल के नीचे दोनों किनारों के बीच यह जो सूखी नदी तुम्हें दिखाई देती है, उसकी तह में नीन्चे एक पतली फौलादी तह है, जिस पर किसी खास दावत की रात पानी चलता है और नकली फुव्वारे चलते हैं। खासतौर पर जब चाँदनी रात होती है, तो इस रूफ गार्डन की सुंदरता देखनी चाहिए। अब तो मैं बहुत कम दावतें करता हूँ, लेकिन अब तुम आ गई हो—तो और वह जो चौकोर जंगला तुम्हें दिखाई देता है, अंग्रेजी बैंड बैठने की जगह है, और वह लकड़ी का फर्श, वह नाचने की जगह है, क्या तुम बालरूम डांस जानती हो?"

"क्या?" इंदू मुँह खोलकर बड़े गँवार लहजे में बोली।

सर बोमन मुस्करा दिया, "कोई बात नहीं, वह सब तुम बहुत जल्दी जान जाओगी, लेकिन मुझे खुशी इस बात की है इंदू कि मेरी जायदाद की वारिस तुम

होगी।" सर बोमन प्यार से इंदू की पीठ थपकते हुए बोले, "तुम—यानी एक लड़की। अगर कोई लड़का यह बोतल लेकर आता तो मैं उसे इस घर में घुसने न देता, वहीं कावसजी के दफ्तर से हजार दो हजार रुपए इनाम देकर चलता कर देता, और लड़की भी कोई ठीक होनी चाहिए थी जैसी कि तुम हो, वरना…।"

"वरना क्या?"

"वरना उसे भी इनकार था, वसीयत तो मैं कैंसिल कर ही चुका था।"

"लेकिन आपकी जिंदगी के बाद यह बोतल और किसी को मिलती तो?"

"तो बात दूसरी थी, मेरे मरने के बाद क्या होता—या क्या होगा उससे मुझे क्या मतलब है। लेकिन देखकर तो मक्खी नहीं निगली जाती।"

"मेरी माँ मक्खी है क्या?" इंदू को फिर गुस्सा आने लगा।

"वह मेरी जायदाद की वारिस भी नहीं है।"

इंदू कोई तेज बात कहने को थी, इतने में कावसजी आ गया।

"वह राजी है।" कावसजी ने खुशी से खिलते हुए कहा।

"क्या राजी है?" इंदू भड़ककर बोली।

"बंबई से बाहर रहने को भी राजी है, और यहाँ रहने पर भी, बल्कि उसे बंबई से बाहर रहना ज्यादा पसंद है।"

"नहीं, नहीं।" इंदू फैसलाकुन लहजे में बोली, "वह यहीं रहेगी, मेरे पास।"

"मगर तुम?" सर बोमन बोला।

"हाँ-हाँ।" इंदू ने गमगीन लहजे में कहा, "मैं किसी के सामने उसे अपनी माँ नहीं कहूँगी। मगर वह रहेगी यहीं पर, मेरे पास इसी घर में।"

"और कभी-कभी वह नीचे नौकरखाने से उठकर तुम्हारे कमरे में भी सो सकती है।" सर बोमन ने इस कड़े फैसले पर मखमली गिलाफ चढ़ाते हुए कहा। 'हाँ, कभी-कभी वह मेरे कमरे में सो जाया करेगी।' इंदू ने दोहराते हुए अपने-आपसे कहा, क्योंकि उसने दिल से उस फैसले को मंजूर नहीं किया था। 'मिसाल के तौर पर वह आज ही मेरे कमरे में सोएगी।'

सर बोमन इनकार करनेवाला था, कि कावसजी ने आँख के इशारे से सर बोमन को मना कर दिया। सर बोमन इस वक़्ती नज़ाकत को समझकर चुप हो गए।

''अरी हरामखोर, सुअर की बच्ची, मुरदार!'' रात की तनहाई में किम्मीबाई अपनी बेटी को समझाते हुए बोली, ''सात जन्म तक भी अगर तू महालक्ष्मी के मंदिर में देवी के चरणों में सिर रगड़े तो ऐसा घर तुझे कभी न मिल सकता, साली नखरे दिखाती है, यहाँ आकर।...तेरी माँ अगर नौकरखाने में नीचे रहने लगेगी तो कौन-सा तेरी माँ का खसम आकर ले जाएगा वहाँ से। उस माटी-भरे झोंपड़े से तो हजार गुना अच्छा है वह नौकरखाना। मैं देखकर आई हूँ, वहाँ बिजली का पंखा है, बिजली की रोशनी है, स्प्रिंगवाला लोहे का पलँग है। दीवार में बाल काढ़ने के लिए एक बड़ा-सा शीशा भी लगा हुआ है। और हर दो कमरों पर एक बाथरूम भी है। और क्या चाहिए मुझको? फिर वह इंदू के कान में सरगोशी करते हुए बोली, ''और फिर यह मुआ सेठ क्या सारी जिंदगी जिंदा रहनेवाला है, बयासी वर्ष का बुड्ढा है।'' इतना कहकर किम्मीबाई जोर से हँसी।

रात के सन्नाटे में इंदू को अपनी माँ की वह हँसी बहुत खोखली और भयानक मालूम हुई, किसी की मौत के बारे में यों सोचना...?

6

बाईस वर्ष पहले सुभग ऐलिस हाल ने सर बोमन का दिल जीत लिया था। मगर मामला दो साल से ज्यादा नहीं चला, क्योंकि सर बोमन बहुत जल्द औरतों से उकता जाता था, मगर वह इतना अमीर था कि किसी औरत को खफा नहीं होने देता था, तालुक़ात तोड़ने में भी धीरज से काम लेता था, ऐसे कि सामनेवाले का दिल न दुखे। आज बीस साल से ऐलिस हाल बोमन लाज की हाउसकीपर थी, आँखें उसकी आज भी मदभरी थीं, और शरीर की त्वचा पर संगमरमर का शुबहा होता था। मगर इन बयालीस वर्षों में वह अपने शरीर को ठीक से नही रख सकी थी, हालाँकि दिलोजान से वह उसकी कोशिश कर रही थी। वह उन हिंदुस्तानी औरतों की तरह नहीं थी, जो शादी के बाद अपने पति के कंधों पर

सिर रखकर जो फैलना शुरू करती हैं तो अपनी उम्र के पच्चीसवें वर्ष में ही वहाँ पहुँच जाती हैं, जहाँ उन्हें चालीस वर्ष के बाद पहुँचना चाहिए। उसके बाद भी उन औरतों को यह गिला रहता है कि उनके पति उनके साथ वफादार क्यों नहीं। या मजबूरी से वफादार भी हैं तो इधर-उधर ताक-झाँक क्यों करते हैं? हालाँकि एंग्लो-इंडियन मिस ऐलिस हाल ने बहुत वर्षों तक अपने शरीर को ठीक तरह से सँभालकर रखा था, और इतने वर्ष बीत जाने के बाद वह कहने के लिए कुआँरी ही थी। शायद दिल के किसी कोने में अभी तक वही लौ थरथराती है। शायद हर व्यक्ति के दिल में उम्मीद की एक लौ ऐसी जलती है, जो कभी बुझती नहीं, ऐलिस को इसमें शक नहीं कि बोमनजी से एक गैर-मामूली लगाव था, उसके लिए उसने आज तक शादी नहीं की थी। इसमें भी शुबहा नहीं कि सर बोमनजी ने भी घर का सारा इंतजाम उसे सौंप दिया था, मगर वह उसकी बीवी तो न थी। मिस्ट्रेस भी नहीं थी अब तो, हालाँकि कभी-कभी अब भी साल में छः महीने में उसे सर बोमन के बेडरूम में प्रवेश होने की इजाजत मिल जाती थी। मगर सर बोमन की तरफ से यह प्यारो-मोहब्बत का सबूत न था, केवल मिल्कियत का दावा होता था, मगर वह इतने पर भी खुश थी, और यूँ सिर्फ महज यूँ इतने पर ही खुश हो जाना पश्चिमी औरतों के स्वभाव के एकदम विरुद्ध है। मगर कहीं पर अब भी उसकी साफ-सुथरी अंग्रेजी रगों में हिंदुस्तानी औरत का खून बोलता था। सहे जानेवाला, गम खानेवाला। आज सर बोमन देर से उठा था, इस वक्त उसने नाश्ता भी अपने ही बेडरूम में किया था। ऐलिस ने अपने हाथ से उसे नाश्ता कराया था, और कमरे में उन दोनों के सिवा और कोई न था। दिन में एक-दो बार कुछ पल के लिए ऐसी कांफ्रेंस इन दोनों के बीच जरूर होती थी, जब आनेवाले दिनों के लिए सर बोमन के जरूरी इशारे नोट किए जाते थे।

इस समय ऐलिस एक नोटबुक लेकर पेंसिल से नोट करती जाती थी, और सर बोमन अपने डार्क ब्राउन रेशमी गाऊन की पेटी अपनी कमर के चारों ओर ढीले-ढाले अंदाज में कसता हुआ कह रहा था :

"इंदू के लिए अच्छे-से-अच्छा टेलर और नए फैशन के आधुनिक डिजाइन के लिबास सिलवाए जाएँ।"

"सिर्फ पश्चिमी ड्रेस?"

"नहीं साड़ियाँ भी होंगी। और कमीज-सलवार के सूट भी और मुगलई कुर्ते

और गरारे भी। हर लिबास की ट्राई करो।''

''बहुत अच्छा।''

''उसके लिए एक अच्छी-सी गोरनेस देखो।''

एलिस की बारीक भवें कमान की तरह ऊपर उठीं, उसने पेंसिल का एक सिरा मुँह में दबाकर कहा, ''उस···रोशन झाबवाला को बुला लूँ?''

चटकी बजाकर सर बोमन ने कहा, ''वेरी गुड।''

''लिबासों के लिए ला मोडी।''

''ओ. के.।'' सर बोमन ने हाँ में सिर हिला दिया, ''और बालरूम डांस के लिए?''

''विक्टर ओहारा।''

''कौन है यह?''

''अभी दो माह हुए अमरीका से ट्रेनिंग लेकर लौटा है।''

''उम्र क्या है?''

''पच्चीस वर्ष के करीब।''

''नहीं।''

''तो बाली कांट्रेक्टर।''

''वह क्या अभी तक जिंदा है?''

''उसकी उम्र मुश्किल से पैंसठ-छियासठ वर्ष की होगी।''

''वह बहुत बुड्ढा है, मैं किसी चालीस-पैंतालीसिए को पसंद करूँगा।''

''मझे देखना पड़ेगा।'' ऐलिस ने सोचकर कहा।

''मगर जल्दी देखो, और सुना है आजकल सितार भी फैशन में आ रहा है। और हिंदुस्तानी गाना और नाच भी, किसी कदर।'' सर बोमन बोलते-बोलते रुक गया, फिर एकदम बोल उठा, ''उसकी आवाज कैसी है?''

''अच्छी है, कल उसे गुनगुनाते हुए सुना था। आवाज तो अच्छी है।''

''तो?''

''मैं गुरु आनंद स्वामी मंडालकर को हिंदुस्तानी नाच के लिए और गाने के लिए गिरधर महाराज को बुक कर लेती हूँ।''

''उसके खाना खाने का ढंग बहुत खराब है।'' सर बोमन अपने चेहरे प बे[illegible] लाते हुए बोले।

''स्लम एरिया से उठाई हुई लड़की के बारे में आप और क्या समझ सकते

हैं। वैसे मैंने सूसन को लगा दिया है इस काम पर। गुजरे चार-पाँच दिनों में ही काफी फर्क पड़ गया है।"

"वह जब तक ठीक नहीं हो जाती, मैं उसके साथ खाना नहीं खा सकता।"

"ज्यादा देर नहीं लगेगी, जहाँ तक खाने के ढंग का सवाल है आठ-दस दिन में बिलकुल ठीक हो जाएगी।"

"मेकअप?—मेकअप का मसला तो रह ही गया।" सर बोमन ने हैरत से बेचैनी से कहा।

"क्या रोशन?"

"नहीं-नहीं, मुझे बेहतरीन मेकअपवाली चाहिए। जल्दी सोचकर बताओ।"

"तो मुझे सूजेन डॉली से पूछना पड़ेगा—मगर वह बहुत महँगी है बहुत महँगी।"

"तुम महँगाई की फिक्र मत करो।"

"क्या इरादे हैं?" एकाएक ऐलिस भड़ककर बोली।

"क्या मतलब?" बुड्ढे ने बड़े तीखे लहजे में पूछा।

"यों ही पूछ रही हूँ।"

"मेरी उम्र बयासी वर्ष की है।"

"बर्ट्रेंड रस्सल ने इससे ज्यादा उम्र में शादी की थी।"

"उसकी उम्र उन्नीस वर्ष की है।"

"अभी एक सोलह वर्ष की इटेलियन लड़की ने एक बानवे वर्ष के बुड्ढे से शादी की है, कल ही मैंने अखबार में पढ़ा है।"

"वह बुड्ढा अहमक था।"

सोवियत जार्जिया में एक बुड्ढा एक सौ साठ वर्ष का मौजूद है, उसकी आखिरी शादी एक सौ छः वर्ष में हुई थी। सुना है, उससे दो बच्चे भी हुए।"

"नॉनसेंस।" बोमन निर्णययुक्त लहजे में चिल्लाया, फिर कुछ देर चुप रहकर कॉफी के प्याले को घूरता रहा। फिर निगाह उठाकर ऐलिस को देखते हुए बोला, "क्या मैं अपनी जायदाद की वारिस में इतनी दिलचस्पी भी नहीं ले सकता।"

"सवाल यह है कि एक झोंपड़ पट्टी से उठाई हुई लड़की जायदाद की वारिस क्यों है?"

''यह फैसला करना हमारा काम है, तुम्हारा नहीं। वह बोतल लेकर आई है, तुम नहीं। इंसानियत के नाते मेरा कुछ फर्ज है।''

''वह फर्ज आप दो लाख रुपए देकर पूरा कर सकते थे, दो करोड़ क्यों?''

''क्या मुझे अपना वारिस तै करने का हक और अख्तियार भी तुम्हें देना पड़ेगा?''

''नहीं, ऐसा मैंने पिछले बीस वर्षों में नहीं सोचा, तो आज कैसे सोचूँगी!'' ऐलिस की आवाज में थरथराहट आ गई, उसके चेहरे पर दुख की परछाईं छाने लगी। सर बोमन ने बिस्तर से उठकर उसका गाल थपथपाया, और उसके रूठे हुए चेहरे को चूम लिया। फिर नरम लहजे में बोला, ''मुझे गलत मत समझो ऐलिस!''

''क्या सचमुच?'' ऐलिस के बुझे हुए लहजे में खुशी छलकने लगी।

''हाँ, मैं इंदू को एक बाप का प्यार देना चाहता हूँ। तुम नहीं समझोगी, आज से चालीस वर्ष पहले, मेरी लड़की गुलशन पंद्रह साल की होकर मर गई थी। कोई बात इसमें है, जो मुझे उसकी याद दिलाती है, हालाँकि शक्लो-सूरत में दोनों एक-दूसरे से बिलकुल भिन्न हैं। तुम नहीं समझोगी—मैं भी नहीं समझ सकता। मगर कोई बात है, जो मुझे उसकी...।''

''उसकी आवाज?''

''नहीं।''

''चलने का अंदाज?''

''नहीं।''

ऐलिस ने सोच-सोचकर कहा, ''कुछ होगा।'' फिर रुककर बोली, ''इस उम्र में सभी लड़कियाँ एक-सी शोख और चंचल होती हैं।'' वह कहते-कहते रुक गई। आज से बीस वर्ष पहले की जवानी उसे याद आने लगी। उसके दिल में फिर शुबहे उठने लगे। अगर आज से बीस वर्ष पहले की ऐलिस तो आज उन्नीस वर्ष की इंदू क्यों नहीं, वह जरूर इस बुड्ढे पर नजर रखेगी। बड़ी काइयाँ है।

''कुछ और?'' सर बोमन ने अब इस कान्फ्रेंस को खत्म करना चाहा।

''कुछ नहीं हाँ—रोजाली का टेलीफोन आया था। कल भी, परसों भी। रोजाली सर बोमन की नई प्रेमिका थी।

सर बोमन ने बुरा-सा मुँह बनाया। ''कह देना मैं किसी जरूरी काम से

खंडाले जा रहा हूँ, कुछ और ?"

"रंजीत का टेलीफोन आया था।"

"कौन रंजीत ?" सर बोमन ने चौंककर पूछा।

"वही लड़का जो इंदू के साथ आया था, पिछले चार दिन से टेलीफोन कर रहा है। दो बार कावसजी के कैंबिल हाउस में उससे मिल चुका हूँ।"

"क्या चाहता है, मैं उसे दो हजार दे चुका हूँ।"

"उसने दो हजार नहीं लिए। कावसजी ने मुझे आपसे बताने के लिए कहा था, मैं बताना भूल गई।"

"नहीं लिए, अहमक।"

"अहमक तो वह बिलकुल नहीं है।"

"क्या चाहता है वह ?"

"वह इंदू से मिलना चाहता है। और इंदू भी उससे मिलना चाहती है।" ऐलिस ने आखिरी वार किया।

"तुमने क्या किया अब तक ?"

"अब तक मैंने रंजीत का टेलीफोन इंदू तक नहीं पहुँचने दिया।"

"बिलकुल ठीक किया, उसे कभी इंदू से मिलने न देना, मैं नहीं चाहता कि उसकी पिछली जिंदगी का कोई भी पहचानवाला...मैं उसकी नई जिंदगी एक साफ सिलेट की तरह शुरू करना चाहता हूँ।"

"जिंदगी साफ सिलेट नहीं होती सर बोमनजी !"

"तो फिर वह क्या होती है ?"

"जिंदगी एक फूल होती है, जो मुरझा जाती है। जिंदगी एक पत्थर होती है, और घिस जाती है, जिंदगी लोहा होती है और जंग खा जाती है, जिंदगी आँसू होती है और गिर जाती है, जिंदगी महक होती है और बिखर जाती है, जिंदगी समंदर होती है जिस पर लहर-दर-लहर खराशें पड़ती रहती हैं। खराशें सर बोमन, जैसे किसी ने पानी को चाकू से काट दिया हो।"

ऐलिस चुप हो गई।

"यह मेरा हुक्म है कि रंजीत को कभी इंदू से न मिलने दिया जाए।"

"यह कैसे मुमकिन है, हम लोग बीसवीं सदी में रहते हैं।"

"तुम इंदू को लेकर खंडाले चली जाओ, गोरनेस और डांस मास्टर और दूसरे लोगों के साथ। हाँ नोलावला में हमारे मैनेजर को टेलीफोन कर दो, बँगला

तैयार रखे।"

"कितने दिन के लिए?"

"दस-पंद्रह, बीस। पच्चीस रोज के लिए, एक महीने के लिए।"

"और एक महीने के बाद?"

"जब तक मैं रंजीत को कहीं बाहर भिजवा दूँगा।"

"कितने दिनों के लिए?"

"जितने दिनों के लिए भी मुमकिन होगा, दो माह के लिए, चार माह के लिए, छः माह के लिए।"

"और छः महीनों के बाद?"

"मैं उसे हिंदुस्तान से बाहर भिजवा दूँगा।"

"मान लो उसने बाहर जाना मंजूर न किया?"

"उसे करना पड़ेगा।"

"मान लो उसने इनकार कर दिया?"

सर बोमन चुप रहा।

"वह तुम्हारा सबसे बड़ा दुश्मन है।"

"फिर देखा जाएगा, मुमकिन है मान भी जाए।" सर बोमन ने सोच-सोचकर जवाब दिया। "मैंने आज तक ऐसा आदमी नहीं देखा जिसने रुपए के सामने सिर न झुकाया हो।"

"इंदू कह रही थी कि उसे रेसकोर्स जाना है, किसी से मिलने के लिए, रेसकोर्स के सामने ही रंजीत के बाप का मोटर गैराज है।"

"मैं जानता हूँ, सब जानता हूँ, तुम इंदू को लेकर और उसके लिए सब इंतजाम पूरा करके, कल-परसों ही खंडाले चली जाओ। जाओ अब तुम मुझे शेव करने दो।" सर बोमन बाथरूम जाने के लिए मुड़ गया, फिर घूमकर वापस आया, और ऐलिस के गाल को ज़रा-सा थपथपाकर बाथरूम में गायब हो गया, ऐलिस ने एक पल के लिए उसके उड़ते स्पर्श को अपनी उँगली से पकड़ने की कोशिश की, मगर भाव तथा स्पर्श भी कहीं उँगली से पकड़े जाते हैं। उसकी आँखों में आँसू आ गए, और वह उन्हें आँखों-ही-आँखों में पीकर कमरे से बाहर चली गई।

7

ज़रा छरहरी, ज़रा दुबली, ज़रा नाज़ुक, ज़रा पतली, बहुत ही ऊँची तथा पतली एड़ी की सेंडल पहनकर तेजी से टपटप करके चलती हुई, सूसन पूरे बोमन लॉज में बड़ी टिमाखन और छम्मकछल्लो-सी मशहूर थी, वह इस समय बल खाती हुई बड़ी तेजी से सर बोमन के पास से निकली जा रही थी कि शोख बुड्ढे ने मुस्कराकर सूसन को कमर से पकड़ लिया और घसीटकर अपने घुटनों पर बिठा लिया और उसके बालों से खेलते हुए बोला, ''यह नया फैशन है बालों का।''

''नहीं।'' सूसन अपने गुस्से को दबाते हुए बोली, ''है तो पुराना, लेकिन आजकल फिर से नए फैशन में आ रहा है।'' सूसन के बाल सीधे कटे हुए, बाईं तरफ के कंधे से गिरकर सीधे नीचे सामने सीने पर गिरते थे, दाईं तरफ के बाल बड़ी सख्ती से कान के पीछे से खींचकर मुड़ते थे।

''इस तरह के बालों में बहुत ··· करनी पड़ती होगी?'' बोमन ने पूछा, और उसके हाथ कमर से ऊपर जाने लगे।

''इस समय जाने दो सेठ।'' सूसन बोमन के घुटनों पर बैठी कसमसाई। ''मैं इस वक्त छेड़छाड़ के मूड में नहीं हूँ।''

सूसन से सर बोमन का मजाक बस यहीं तक हल्की-सी छेड़छाड़ और टटोलबाजी तक सीमित था। और इतना मजाक भी ऐलिस की गैर-मौजूदगी में होता था।

हालाँकि ऐलिस को यह सब अच्छी तरह मालूम था, इतने बड़े घर में इतने नौकर-चाकरों की मौजूदगी में ऐलिस के लिए यह जरूरी था कि वह अपना एक जासूसी सिस्टम कायम करे, मालिक के जासूसी सिस्टम को तोड़ दे, और इन दो बड़े जासूसी फंदों के अलावा नीचे दरजे के नौकरपेशा अपना अलग जासूसी यंत्र रखते थे। हालाँकि सूसन को अपनी परवाह नहीं थी, क्योंकि वह अपने काम में बेहद होशियार थी, इस कदर कि ऐलिस इंदू को खंडाले ले जाते वक्त घर का सारा इंतजाम सूसन को सौंपकर गई थी, और यों अक्सर होता था, सूसन शादीशुदा थी और उसका पति लोनावले में सेठ बोमन की जायदाद की देखभाल करनेवाले बहुत-से कारिंदों में से एक मामूली किस्म का कारिंदा था जो

अक्सर बंबई से गायब रहता था। और सूसन उन औरतों में से थी, जिन्हें शौहर गायब आशिक हाजिर किस्म के मुहावरे ज्यादा पसंद आते हैं। बल्कि कुछ लोगों का खयाल था कि सूसन की अपनी चालाकी ही से उसके पति को बंबई से बाहर लोनावले में लगा दिया गया था, अपनी नौकरी के शुरू के चंद माह ही सूसन ने सर बोमन के पीछे भागने में खर्च किए थे, मगर बाद में जल्द ही उसे मालूम हो गया कि सर बोमन की पसंद कुछ और है, इसलिए सूसन ने जल्द ही अपना ध्यान हटा लिया—सूसन बोमन लॉज के अहाते में बड़ी नकचढ़ी मशहूर थी, क्योंकि एक बार ऊँचा दाँव खेलने के बाद उसने समझ लिया था कि क्यों न उसके लिए खुद नीची बुनियाद से ऊपर का दाँव खेला जाए, यह कहीं ज्यादा अच्छा है कि वह खुद ऊँची सतह पर बैठकर नीची सतह के लोगों को उस पर दाँव खेलने पर मजबूर करे, यानी अब यह खुद एक ऊँचा दाँव थी। सूसन की निगाह सर बोमन के लंबे-चौड़े अमले फैले में कभी किसी ऐसे मर्द पर नहीं जाती थी जिसकी तनख्वाह एक हजार से ज्यादा हो, और वह उसी में बेहद खुश थी कि वह बड़ी नकचढ़ी है।

"गुस्से में भन्नाई हुई क्यों हो?" सर बोमन ने खुश होते हुए कहा।

"ऊँ हूँ—है एक सुअर—दो दिन से बराबर टेलीफोन कर रहा है, दो-तीन बार मुझसे डाँट खा चुका है, फिर भी बराबर टेलीफोन करता रहता है, शायद अब मेरी आवाज पहचान गया है, इसलिए रिसीवर उठाते ही मेरे हैलो कहने पर रेस पर रख देता है, डेम स्वाईन।"

"कौन है तुम्हारा कोई नया आशिक?"

"मेरा आशिक? डोंट बी फनी।" सूसन चिड़चिड़ाई, "हर वक्त इंदू को पूछता रहता है।"

बुड्ढे ने एक झुरझुरी-सी ली, उसने धीरे-से सूसन को घुटने से उतार दिया और बोला, "इंदू नहीं छोटी मालकिन कहो।" सर बोमन में यह अचंभेवाली बात थी कि वह जितनी जल्दी बेतकल्लुफ होता था उतनी जल्दी ही पुरतकल्लुफ भी, अब वह फिर से मालिक था।

"हाँ छोटी मालकिन।" सूसन ने अपनी गलती मानते हुए कहा, और खुद अब खड़ी हो गई।

"दोबारा वह टेलीफोन करे तो मुझे कनक्शन दे देना, और अगर मैं घर पर न मिलूँ तो उसे कल के लिए लंच से पंद्रह मिनट पहले का टाइम दे देना।"

"मुमकिन है वह दोबारा टेलीफोन भी न करे, ऐसी कस के डाँट दी है मैंने।" सूसन कहने लगी।

मगर सर बोमन जा चुका था। सूसन ने सर बोमन की पीठ से जो कहा उसका बोमनजी ने कोई जवाब नहीं दिया। सूसन सिर हिलाकर अपने-आपसे बोली, 'बुड्ढा पगला गया है उस स्लम गर्ल के लिए।'

वह सीढ़ियों से खटाखट नीचे दूसरी मंजिल पर चली गई, वहाँ उसे अनवर मिल गया, जो बावर्चीखाने का रिचर्ड बरटन मशहूर था। और केवल मुगलई खाने तैयार करता था, जो हफ्ते में दो बार या फिर खास दावतों में तैयार होते थे, इसलिए उसके पास बहुत समय बच जाता था जिसे वह एस्टेब्लिशमेंट की नौकरानियों से फ्लर्ट करने में खर्च करता था।

"तुमने रतनाबाई को देखा?" अनवर सूसन से पूछने लगा।

रतनाबाई किसी बाई का नया नाम था, रमीबाई खुद ही सोचकर सर बोमन ने बाद में रद्द कर दिया था। किम्मीबाई अगर घटिया नाम था तो रमीबाई बेहद सस्ता—सोच-समझकर सर बोमन ने रतनाबाई रखा था, और अब वह पूरे महलनुमा लॉज में हर जगह इसी नाम से पुकारी जाती थी।

"क्या हुआ है उसको?" सूसन ने पूछा।

"सेठ ने कहा है अभी उसे एक महीने तक कोई काम न दिया जाए, बस वह खाए-पिए, साफ-सुथरे कपड़े पहने, और दिन में दो बार खूब मल-मलकर नहाए। चुनाँचे इस वक्त रतनाबाई नहा-धोकर हार-सिंगार से निपटकर, नए कपड़े पहनकर ··· तुम खुद देख लों ज़रा अपनी आँखों से ···" अनवर ने एक जोरदार कहकहा लगाया।

सूसन उसके साथ दूसरी मंजिल के पीछे के एक कमरे में चली गई, जिसकी खिड़कियाँ नीचे के हिस्से में खुलती थीं।

यहाँ किम्मीबाई उर्फ रतनाबाई अपने खिचड़ी बालों को खोले हुए एक झूले पर बैठी बड़े रोमांटिक अंदाज में झूल रही थी और एक गुजराती लोकगीत गा रही थी। झूले के पास बुड्ढे माली किरतू की बीवी मैगी जो उम्र में रतनाबाई जितनी ही बड़ी होगी, मुमकिन है उससे दो-चार साल कम भी हो, बार-बार धीरे-से झूले को पेंग दे रही थी, कभी-कभी रबड़ का फव्वारा उठाकर बाग को भी पानी दे देती थी।

पेंग रोककर रतनाबाई ने मैगी से पूछा, "अम्माँ, कोई अच्छा-सा खिजाब

तो ला दो कहीं से।"

मैगी को गुस्सा तो बहुत आया। "यह बुड्ढी खूसट मुझे अम्माँ कह रही है, तो उम्र में इससे जरूर पाँच-दस साल कम हूँ। फिर भी यह मुझे अम्माँ कहती है। और खुद को कितनी छोटी चों-चों पों-पों बताती है, साली हरामजादी खुद मेरी अम्माँ की उम्र की होगी, मगर मुझे अपनी माँ कहकर अपनी उम्र कम करती है, आग लगे उसके चौंड़े में। यहाँ तक सोचकर मैगी ने आपने-आपको सँभाला, मगर नई-नई आई है, मैगी ने सोचा और दस दिन से पड़ी-पड़ी रोटियाँ तोड़ रही है, और सेठ ने अभी इसे काम पर नहीं लगाया है। और दूसरी नौकरानियों से अच्छा बरताव हो रहा है, इससे जाने क्या बात है, बिगाड़ इससे अच्छा नहीं है। इसलिए वह लहजा बदलकर अपने टूटे दाँतों से हँसकर बोली, "वह एक खिजाब लावे तो हैं मेरे लिए, पर नाम न उसका जानूँ मैं।" मैगी अपनी ठोड़ी पर उँगली रखकर बड़ी अदा से बोली, "आज उनसे कहकर जरूर तेरे लिए भी मँगवा दूँगी बहना।"

"हाँ जरूर मँगवा देना अम्माँ!" रतनाबाई ने फिर बात अम्माँ कहकर खत्म की, "अच्छा, बहना कहकर गोया आप भी मेरी हमउम्र हो गईं, न मुँह में दाँत न पेट में आँत, और चली हैं अपनी उम्र कम करते-करते मेरी बराबरी करने, यह न होने दिया मैंने, फिर एक लंबी साँस खींचकर रतनाबाई मैगी से बोली–

"क्या बताऊँ अम्माँ, कुछ नजले ने, कुछ मुसीबतों ने मेरे बाल इतनी जल्दी सफेद कर दिए हैं, पर उम्र तो इतनी नहीं है अम्माँ!" रतनाबाई ने अपने खुले बालों को गर्दन से एक झटका दिया जैसा उसने फिल्म 'मेरी मोहब्बत तेरी निशानी' में हीरोइन को करते देखा था। "फिर वही अम्माँ।" मैगी पीठ मोड़कर गुस्से से बड़बड़ाई और उस गुस्से में उसने रबड़ के फव्वारे की जोरदार फुवार इस तेजी से बांठ पर गिराई कि हरी टहनियाँ पानी के बोझ से लचककर दोहरी होने लगीं।

सूसन हँसकर बोली, "बुढ़िया पर फिर से जोबन आ रहा है।" वह और अनवर दोनों परदे को ज़रा-सा सरका के खिड़की में खड़े थे, अनवर ने सूसन की कमर में हाथ डाल दिया था, और वह धीरे-से ब्लाउज का एक कोना सरका रहा था। सूसन की निगाहें रतना की अदाओं पर जमी हुई थीं। वह फिर मुस्कराकर बोली, "इस बुढ़िया को जल्दी से अगर कोई काम न दिया गया, तो बिलकुल

पागल हो जाएगी। मगर तुम्हें क्या तुम लगे रहो अपने काम में।"

इतना कहकर सूसन ने जोर से अनवर का हाथ झटक दिया और मुस्कराकर तेज-तेज कदमों से टप-टप करती हुई नीचे की मंजिल की ओर चली गई।

अनवर ने गुस्से से बड़बड़ाकर कहा, "साली दो महीने से नखरे कर रही है, जाने क्या बात है?"

भास्कर ने गुस्से में आकर टेलीफोन की डायरेक्टरी अपने बेटे रंजीत के सिर पर दे मारी, रंजीत ज़रा-सा पीछे हट गया, वरना नाक से खून बहने लगता, उसके सारे शरीर में उसकी नाक ही सबसे नाजुक थी, वह अपने बाप के गुस्से को जानता था और बाप उसकी नाक की कमजोरी को।

"तुम अभी तक इंदू से नहीं मिले?"

"कितनी बार कोशिश कर चुका हूँ।"

"किसी नौकर को रिश्वत देकर घर में पहुँचने की कोशिश करो। यह लो पचास रुपए।"

"मगर।" रंजीत ने रुपए जेब में डालकर धीरे-से पूछा, "पहले तो आप इंदू के बहुत खिलाफ थे?"

"पहले वह ऐसी नहीं थी।"

"क्या उसकी शक्लो-सूरत में फर्क पड़ गया, या उसके करेक्टर में? वह तो वही इंदू है।"

"तुम्हें मालूम होना चाहिए कहाँ फर्क पड़ा है।"

"सच्ची मोहब्बत में कोई फर्क नहीं पड़ता। रोमियो जूलियट, शीरी-फरहाद, लैला-मजनू—वह सब कहानियाँ मैं पढ़ चुका हूँ, उनकी फिल्में भी देख चुका हूँ, वह सब मिसालें और हवाले देने के लिए बहुत उम्दा हैं, मेरे बेटे, जिंदगी कुछ और चीज है।"

"मगर आप ही ने तो कहा था, अगर तुमने कभी इंदू से शादी की तो मैं तुम्हें घर से निकाल दूँगा।"

"और अब मैं कहता हूँ, अगर तुमने उससे शादी नहीं की तो घर से निकाल दूँगा।"

"मेरे लिए शादी की बात इस कदर खास नहीं है, मैं सिर्फ उसे देखना

चाहता हूँ पिता जी? क्या आपने कभी मोहब्बत नहीं की?"

"मैं अपने गैराज से मोहब्बत करता हूँ, और अगर तुम इंदू से कह-सुनकर सर बोमन से उसकी गाड़ियों की मरम्मत का सालाना ठेका मुझे दिला सको, तुम्हें कुछ मालूम भी है अहमक? ए वन गैराज का मालिक सर बोमन की गाड़ियों के तीन साल के ठेके से लखपती बन चुका है।"

"सर बोमन की प्राइवेट और ज़ाती गाड़ियों की तादाद तुम्हें मालूम है? पच्चीस? बंबई में उसकी दो टेक्सटाइल मिलें हैं, उनकी गाड़ियों की तादाद तुझे मालूम है, उन्चास। फिर पनवेल में उसका एक बहुत बड़ा फार्म है, दस गाड़ियाँ और ट्रक वहाँ पर हैं। और कितने ही तो उसके दूसरे ऑफिस हैं। यह तो मोटा-मोटा हिसाब बताया है मैंने तुझको।"

"मैंने जब इंदू को दो करोड़ की बोतल दे दी, तो अब उससे गाड़ियों का ठेका माँगूँगा।"

"वह तुम्हारी जिंदगी की सबसे बड़ी गलती थी, वह बोतल तुम्हारे पास होती, तुम उसे अपने पास रखते, उसे लेकर अपना हक तलब करने के लिए तुम सर बोमन के पास जाते, तो आज तुम उसकी जायदाद के मालिक होते, और फिर इंदू से तुम शादी भी कर सकते थे, अब बहुत मुश्किल है, डेम फूल..."

"इंदू मुझसे मोहब्बत करती है।"

"करती थी।"

"वह अब भी करती है, मेरा दिल कहता है।"

"मेरा दिल कहता है तुम उल्लू के पट्ठे हो, वरना वह अब तक तुमसे मिलने के लिए क्यों न आती। अगर उसका दिल चाहता तो उसे कौन रोक सकता था। ऐं!" बाप ने डायरेक्ट्री उठाकर उसके पन्ने ठीक करके मेज पर रखते हुए कहा, "अब तो छोटी-छोटी इच्छाएँ ही तुम्हारे हिस्से में आ सकती हैं, जैसा गैराज का ठेका या..."

"या-क्या?"

"या कोई पेट्रोल-पंप। सुना है, सर बोमन के बहुत से पेट्रोल-पंप भी हैं।"

"आप कितना जानते हैं, सर बोमन के बारे में?" रंजीत ने प्रशंसक निगाहों से बाप की तरफ देखते हुए कहा।

"एक गैराज के मालिक को जानना पड़ता है, बंबई शहर में कितनी गाड़ियाँ हैं, किस इलाके में कितने गैराज हैं, कितनी गाड़ियाँ कितने अमीर लोगों

के पास हैं, इस जानकारी के बिना कोई गैराज नहीं चल सकता। इंदू अब तुमसे मोहब्बत नहीं कर सकती, क्योंकि इंदू के मुताबिक तुम्हारे जितने बुनियादी ढकोसले थे, यानी सच्ची मोहब्बत, गरीबी, सारी जिंदगी तुम मेरे हो, झोंपड़ पट्टी की जिंदगी सारा जीवन तुम्हारे चरणों में गुजार दूँगी, वह सब बदल चुके हैं। अब तो सिर्फ गैराज का ठेका माँगो, या ··· ।"

इतने में मेज पर टेलीफोन की घंटी बजने लगी, भास्कर ने टेलीफोन उठाया, और कुछ बात करके टेलीफोन का रिसीवर वापस रखकर बोला, "सर बोमन ने तुम्हें बुला भेजा है।" भास्कर का चेहरा खुशी से खिलने लगा था। "कौन जाने उस बुड्ढे के दिल में दया आ जाए और वह तुम्हारी शादी—नहीं-नहीं मगर यह मुमकिन नहीं, इस दुनिया में ऐसा नहीं होता, इसलिए सिर्फ वही माँगें जो तुम्हें मिल जाए।"

"यानी ?"

"गैराज के लिए उसकी गाड़ियों का ठेका।"

"मैं थूकता हूँ गैराज के ठेके पर।" नौजवान रंजीत ने भड़ककर कहा।

बाप ने फिर गुस्से से डायरेक्टरी अपने बेटे की नाक पर फेंकी, मगर दाँव बचाकर रंजीत कमरे से बाहर निकल चुका था।

रेसकोर्स से हाजी अली नाके की तरफ जाते हुए रंजीत ने सोचा, मगर बुड्ढे ने मुझे बुलाया क्यों है ? खुद से ? इसमें कोई चाल है या हमदर्दी है। इतने दिनों से उसने मुझे मिलने नहीं दिया, तो अब ··· जाहिर है कि हमदर्दी तो हो ही नहीं सकती, हो भी सकती है। बुड्ढा अजीबो-गरीब आदमी है। सनकी और तेज मिजाज, और बावला, दिमाग की कोई चूल उसकी ढीली है। वरना कोई इस तरह झोंपड़ियों में रहनेवाली लड़की को दो करोड़ की जायदाद का वारिस नहीं बना देता है, यह आदमी जरूर मोहब्बत करनेवाले की तरह पागल है। हो सकता है वह खुद इंदू को देखकर उसकी मोहब्बत में गिरफ्तार हो गया हो। इंदू के हुस्न में पकड़ लेने की हजारों अदाएँ हैं। वह अच्छी तरह से जानता है। मगर बुड्ढा बयासी वर्ष का है तो क्या हुआ, हुआ सिर्फ यह कि इतनी बड़ी जायदाद के मालिक को लड़कियों की कमी नहीं हो सकती, चाहे उसकी उम्र सौ से ऊपर क्यों न हो जाए। कुछ भी हो अब जो उसने बुलाया है, तो उसे जाना चाहिए, मुमकिन है इंदू से मिलने की कोई

सूरत निकले, मुमकिन है वह खुद, खुद उस बुड्ढे के अपने दिल में दया आ जाए, जैसा उसके बाप ने कहा था, और कहकर रद्द कर दिया था। क्या मुमकिन नहीं है इस दुनिया में, कल तक कौन कह सकता था कि इंदू गंदी खोली से निकलकर दो करोड़ की जायदाद की मालकिन बन जाएगी। कौन कह सकता था कि एक दिन ड्यूक आफ विंडसर अपना राजपाट दुनिया की सबसे बड़ी हुकूमत ... इसी शताब्दी की घटना है यह, मशीनों और गैराजों के युग का रूमान है यह। हो सकता है, बुड्ढे के दिल में दया आ जाए या इंदू ने अपनी मोहब्बत को छोड़ देने से इनकार कर दिया हो—हो सकता है मुझे खुद इंदू के बुलाने पर बुलाया गया हो—हो सकता है बुड्ढा मेरा इम्तहान लेना चाहता हो, चालाकी से, और बाद में इंदू से मिलने के लिए हमेशा के लिए मुझसे मना कर दे। यह भी मुमकिन है, वह भी मुमकिन है। कुछ भी मुमकिन है, बहरहाल मुझे... मुझे... बहुत ही... हाँ... मामला ज़रा टेढ़ा है। और वह बुड्ढा बड़ा काइयाँ है। ऊपर से हँसता रहता है, मगर उसकी आँखें बड़ी चालाक हैं, बहुत-कुछ देखा है उन आँखों ने। लगता है मेरे दिल के अंदर घुसकर मेरे दिल के हर राज को टटोलकर बाहर ले आएँगी, मुझे इस इंटरव्यू में बड़ी होशियारी से काम लेना होगा लेकिन अगर इंदू भी वहाँ हुई तो मेरी सिट्टी गुम हो जाएगी, मैं चालाकी का एक शब्द भी नहीं बोल सकूँगा, मोहब्बत एक सुंदर बेवकूफी का दूसरा नाम है। मेरा बाप मुझसे कहा करता है। मगर इस बेवकूफी में कैसा अजीब आनंद है। पाँव धरती से उठ जाते हैं। इंदू के साथ उड़ता हुआ प्रतीत होता है मुझे। वरना पाँव हर समय जमीन में धँसते मालूम होते हैं। और जिंदगी में चलना मुश्किल लगता है। इंदू कहीं ऊपर मुझे हवाओं में ले जाती है। लगता है जैसे मेरा कोई वजन ही नहीं है। लगता है जैसे मैं चाँद को भी छू सकता हूँ। लोग अभी तक वहाँ चाँद तक पहुँचे नहीं हैं, मगर मैंने चाँद को छू लिया है, हो सकता है इंदू ने मुझे बुलवाया हो, और इसलिए कि वह अपनी मजबूरी बताकर मुझे इनकार कर देना चाहती है। मगर इससे क्या फर्क पड़ता है, मैंने चाँद को छू लिया है। हाली अली के नाके का बस-स्टाप आ गया।

8

बोमनजी अपने घर के प्राइवेट ऑफिस में था, रंजीत उसके सामने कुर्सी पर बैठा था, मेज पर छः टेलीफोन थे, तीन दाईं तरफ, तीन बाईं तरफ। इंटरव्यू करीब दस मिनट से जारी था। बीच-बीच में टेलीफोन आते और बोमनजी बेहद फैसलाकुन लहजे में हुक्म सुनाता—रंजीत को लगा जैसे उसके बारे में बोमनजी को कोई फैसला करने में कठिनाई हो रही है, वरना यह इंटरव्यू इतनी देर तक क्यों चलता, जिसमें अब तक बड़े ही मामूली सवालात पूछे जा रहे थे।

आखिर सर बोमन किसी निर्णय पर पहुँच गया, उसने कलमदान से एक पैंसिल उठाई, एक छोटा-सा पैड उठाया और अपने सामने रखकर बोला, "मेरे यहाँ काम करोगे?"

"कौन-सा काम?" रंजीत ने पूछा।

"शोफर।"

"किसका?"

"मेरा? मतलब यह है कि घर का, और भी शोफर हैं लेकिन तुम्हें मैं श्रीनगर भेजना चाहता हूँ। चंद दिनों में इंदू भी वहाँ जा रही है। लेकिन वह तो हवाई जहाज से जाएगी, मैं यहाँ से एक खास गाड़ी उसके लिए भेजना चाहता हूँ। बड़ी गाड़ी चला लेते हो न?"

"जी हाँ, मगर बंबई से बाहर कभी नहीं गया। मेरा मतलब है ज्यादा दूर नहीं, श्रीनगर तक जाने का रास्ता मैं नहीं जानता।"

"उसकी तुम फिक्र न करो, तुम्हारे साथ एक शोफर और भी जाएगा, दूसरी गाड़ी लेकर। अब्दुल रहमान रास्ता जानता है। साथ में सेठ कावसजी करसटजी भी जा रहे हैं। तुम्हें किसी तरह की तकलीफ नहीं होगी, क्योंकि जो शोफर मेरी गाड़ी या गाड़ियाँ चलाते हैं, उन्हें मैं साल में चार मरतबा वर्दियाँ देता हूँ, दो टाइम का खाना देता हूँ, और साढ़े तीन सौ रुपए पगार। अगर तुम अच्छी तरह से काम करोगे, तो बहुत खुश रहोगे। बस अपने काम से काम रखो, इतनी पगार तुम्हें बंबई में कहीं नहीं मिलेगी। बीस वर्ष के पुराने ड्राइवर को आजकल ज्यादा-से-ज्यादा दो सौ रुपए मिलते हैं। तुम मालूम कर सकते हो।"

"मुझे मालूम है सेठ।"

"तो तुमको यह काम मंजूर है?"

मंजूर न भी होता, तो भी रंजीत खुशी से उसे मंजूर कर लेता, ठीक है लाइसेंस उसके पास था, मगर गाड़ी चलाने का ऐसा अनुभव तो उसके पास नहीं था, कि वह यहाँ से श्रीनगर तक गाड़ी चला सकता। मगर इंदू श्रीनगर जा रही थी, और किसी तरह न सही इसी तरह से इंदू के करीब रह सकेगा। इंदू और काश्मीर और फुर्सत और साढ़े तीन सौ रुपए, और जिद्दी बाप से दूर रहने का मौका, किसी हालत में वह उसे नामंजूर नहीं कर सकता।

"मंजूर है सेठ!"

बोमनजी अब तक पैड पर उसके मुतालिक जरूरी आदेश लिखकर अपने हस्ताक्षर कर चुका था। उसने पैड से पेपर फाड़कर रंजीत के हाथ में देते हुए कहा, "यहाँ से दाईं तरफ चौथे बँगले कर्बान विला में चले जाओ, वहाँ मेरा बड़ा दफ्तर है, वहाँ यह कागज दिखाकर अपना एडवांस ले लो। और बाकी सब बातें वह लोग तुमको समझा देंगे। तुम्हारी वर्दी आज ही तैयार हो जाएगी, कल सुबह तुम्हें अब्दुल रहमान के साथ कावसजी को लेकर श्रीनगर के लिए चल देना होगा।"

रंजीत कमरे से बाहर निकलनेवाला ही था कि सर बोमन ने कहा, "सुनो!"

रंजीत वापस आके मेज के पास खड़ा होकर बोला, "जी!" उसने सर बोमन की तरफ हिम्मत-भरी निगाहों से देखा। उसे मालूम हो गया था सर बोमन अब क्या पूछनेवाला है।

"तुम्हारा और इंदू का इधर आने से पहले कोई लफड़ा तो नहीं था!"

कितने लंबे और टेढ़े रास्तों से गुजरकर सर बोमन यहाँ तक पहुँचा था। क्योंकि वह टेढ़ा सवाल, जो शायद इस कदर महत्वपूर्ण था। सर बोमन के लिए, उसने अब तक नजरों से छुपाकर रखा था। रंजीत के जी में तो आया कि साफ कह दे। आप लफड़े की बात करते हैं, मुझे तो इंदू से मोहब्बत है, और इंदू को मुझसे है, मगर उसने अपने-आपको रोक दिया और बिना किसी बेचैनी के, किसी हिचकिचाहट के बिलकुल आराम से, जिसके लिए वह हाजी अभी से यहाँ तक अपने-आपको तैयार कर चुका था, उसने सर बोमन से कहा—

"जी नहीं, मेरा और उसका कोई लफड़ा नहीं है।"

''और अगर कभी था, तो आज के बाद नहीं होगा।'' सर बोमन ने बड़े कड़े लहजे में कहा।

''न था, न होगा।'' रंजीत ने भी उसी कड़े लहजे में जवाब दिया, मगर जवाब देते वक्त उसका चेहरा कानों तक तमतमा गया। सर बोमन ने उसके चेहरे का बदलता हुआ रंग देख लिया। बोले—''जानते हो वह अब मेरी बेटी है।''

''मुझे मालूम है सेठ-जी।''

''अगर तुम अपने काम से काम रखोगे, तो तरक्की भी कर जाओगे। सेठ बोमन सजा देना जानता है, और खुश करना भी जानता है।''

''मुझे उम्मीद है, मैं आपको खुश कर सकूँगा।'' रंजीत ने साहस से जवाब दिया। कुछ क्षणों पूर्व उसने अपने चेहरे पर जो तीव्र रक्त-प्रवाह का आभास किया था, वह अब जा चुका था। वह अपने-आप में था। बुड्ढा बहुत काइयाँ था, इसलिए रंजीत को भी बहुत सँभल के चलना होगा।

''ऑल राइट, अब तुम जा सकते हो।''

रंजीत के जाने के बाद सेठ ने घंटी बजाकर कावसजी को तलब किया, जो आधे घंटे से बाहर बैठा था।

''कश्मीर गवर्नमेंट का जवाब संतोषजनक नहीं है।''

''भदरवा की पाईरायटेस की खानों के मुतालिक। कावसजी ने पूछा।

''हाँ।''

''हाँ ठीक तो नहीं है।'' कावसजी ने उत्तर दिया, ''तुम श्रीनगर जाकर खुद किसी निर्णय पर पहुँचने की कोशिश करो।''

''चला जाऊँगा।''

''कल ही चले जाओ।''

''कल ही चला जाऊँगा।''

''भदरवा की खानें तुमने देखी हैं?''

''जी नहीं, पिछली दफा हमारे इंजीनियर गए थे। उन्हीं की रिपोर्ट पर कश्मीर गवर्नमेंट विचार कर रही है।''

''तो अच्छा है, अबकी बार तुम खुद भदरवा जा के उन खानों को देख आओ।''

''तो इस सब काम में एक माह से ऊपर लग जाएगा।''

"हाँ, लग जाएगा, तुम्हारे साथ अब्दुल रहमान शोफर जा रहा है, और डोज लेकर रंजीत भी जाएगा।"

"रंजीत ?"

"हाँ, वही लड़का।"

"अच्छा, वही लड़का।" कुछ देर बाद कावसजी बोले।

"वह इंदू का शोफर होगा।"

"क्या इंदू भी जाएगी ?" कावसजी अपनी खुशी छुपा न सका।

"नहीं, वह नहीं जाएगी।" सर बोमन ने मुस्कराकर कहा, "मगर यह बात रंजीत को न बताई जाए।"

कावसजी ने गौर से सर बोमन की ओर देखा, अब वह मामले की बारीकी को समझने लगा था। सर बोमन ने फिर कहा, "रंजीत को यही मालूम है कि इंदू कश्मीर आनेवाली है—श्रीनगर—भदरवा—जम्मू—सारे सफर में रंजीत तुम्हारे साथ रहेगा। वापस श्रीनगर आने पर तुम्हें यहाँ से टेलीग्राम मिलेगा कि इंदू का इरादा बदल गया है। इतने में तुम अपना काम भी कर चुकोगे।"

"जी हाँ।"

"उसके बाद तुम्हें यह टेलीग्राम मिलेगा, फिर तुम हवाई जहाज से वापस आ जाना, अब्दुल रहमान और रंजीत गाड़ियाँ लेकर वापस आ जाएँ।"

"मुझे महीना-डेढ़ महीना लग जाएगा।" कावसजी ने ऊपर से कहा। अंदर से सोचा, 'बुड्ढे का इरादा क्या है, यह मुझे मालूम करना पड़ेगा। जाहिर है वह एक तीर से दो शिकार करना चाहता है, मुझे और रंजीत दोनों को यहाँ से हटाना चाहता है। रंजीत की बात तो समझ में आती है, मगर मुझे क्यों ? इसमे क्या चाल है ? यह मालूम करना पड़ेगा।'

"तो तुम कल रवाना हो सकते हो।"

"जी, बहुत अच्छा।"

"कावसजी कमरे से बाहर निकल गया, बरामदे से गुजरकर बाएँ बाग में पहुँचा—चिड़ियों के चहचहाने के बावजूद एक अजब सन्नाटा था, यह सन्नाटा शायद हरे सब्ज पत्तों के साथ जाता है, और पत्तों के चेने का प्रतिबिंब है। जहाँ-जहाँ हरे पत्ते ज्यादा होते हैं वहीं शांत पूर्ण मौनता होती है, और अगर कहीं पत्तों में छिपा हुआ कोई पंछी बोलता भी है तो उसकी सुरीली आवाज मौनता का एक स्वर ही मालूम पड़ती है। क्रिया आरंभ है। हरे पत्ते अपना दामन फैलाए

रोशनी की किरणें समेट रहे हैं। और अपने बारीक रेशों के जाल के अंदर जिंदगी बुन रहे हैं। उनके ऊपर आसमान नीला है; खंडाल्ले में आसमान गँदला है, बिलकुल गँदला भी नहीं है, कहीं-कहीं पर बोझल भूरे बादल हैं, तो कहीं-कहीं पर मर्मरी कंगूरे और बुरजियावाले सफेद बादल हैं। नीचे शीरी विला में अलफांजो के भरे-पूरे पेड़ के नीचे सूरज की छनती हुई किरणों की शतरंजी में ऐक छोटे-से गालीचे पर बिकनी पहने इंदू लेटी है। और अनवरी से मालिश करा रही है। पूरे शरीर पर जैतून का तेल मालिश की तरह चमक रहा है। सर बोमन का हाथ अपनी ऑफिस के मेज के ऊपर रखे हुए स्याही-चूस की खुरदरी सतह को छूता है, इस कागज की सतह कितनी खुरदरी, ठंडी और बेहिस है। रंजीत को क्वीन विला के खजांची ने सफर-खर्च के लिए चार सौ रुपए दिए हैं। अनवरी का हाथ बड़ी होशियारी से इंदू की मक्खन से बनी हुई बाँहों पर चल रहा है। उसके हाथ की हथेलियों से अब सख्ती दूर होती जा रही है, अगले दो-तीन माह में वह उँगलियाँ बिलकुल नरम पड़ जाएँगी। अनवरी खानदानी मालिशवर के घराने से तांल्लुक रखती है। चार पुश्तों से वे लोग नवाब रामपुर के दरबार से ताल्लुक रखते थे। अब वे दरबार खत्म हो गए, नए दरबार खुल गए। ऐलिस पास में बेंत की आरामकुर्सी पर किसी दूसरी डिजाइन की बिकनी पहने बैठी है और कुछ बुन रही है। भदरवा में पायराइट की खानों में सेठ को इतनी तो दिलचस्पी नहीं थी, फिर सेठ बोमन मेरा डेढ़ माह क्यों बरबाद कर रहा है, मगर मैं इनकार भी नहीं कर सकता। सर बोमन क्या खेल खेलना चाहता है! कावसजी एक पिन को लेकर उसे अपनी मेज पर रखे हुए गत्ते पर मोड़ने लगा। मुझे सब बातें—सब मालूम करना पड़ेगा। इंदू से साफ-साफ··· मैं श्रीनगर तो जा ही रहा हूँ इसलिए हर बात का फैसला हो जाना चाहिए। इंदू ऐसी लड़की तो नहीं है जो अपने रंजीत की मोहब्बत को ठुकरा देगी। मगर इतना बड़ा चांस—मेरा बाप किस कदर खुश होगा, मेरे श्रीनगर जाने पर बुड्ढे बोमन की नौकरी करने पर! खुश तो मेरी माँ भी है, हर समय पलँग पर लेटी हुक्म चलाया करती है, इतना सुखी तो मैंने अपनी माँ को कभी नहीं देखा था।···

किम्मीबाई बरामदे से नीचे बगीचे में मालिश कराती हुई इंदू को देख-देखकर खुश होती है। उसके सिर पर बिजली का पंखा चल रहा है, आरामकुर्सी में नरमी फोम रबड़ के गद्दे बिछे हैं। कोई काम करने को नहीं है। किम्मीबाई आँखें बंद करके आँखें खोलती है। हाँ, वही सबकुछ वही है, यह

सपना नहीं है, झूठ नहीं है। मगर रंजीत को देख कैसे सकती हूँ! ये लोग मुझे चारों ओर से हर समय घेरे रहते हैं। सोचने तक नहीं देते, हरी चोंचवाला एक खूबसूरत तोता अलफांजो आम के फल से गूदा निकाल के खा रहा है। बिलकुल सर बोमन लगता है। इंदू आप-ही-आप हँसने लगी।

"क्या बात है?" ऐलिस ने बुनाई रोककर पूछा।

"कुछ नहीं।" इंदू ने ऐलिस का बदन—सफेद गोरा बदन देखा, यह मुझसे ज्यादा सफेद है। मगर बदन से मांस सरक रहा है। धीरे-धीरे सरकता जाता है, इधर से रोको तो उधर से—उधर से रोको तो इधर से सरक जाता है। इधर बँध बाँधो तो उधर से सरकने लगता है। इंदू के सारे शरीर में कहीं फालतू मांस नहीं है। सिवाय वहाँ के जहाँ कि चाहिए। कसा हुआ स्वतंत्र शरीर। किसी पेटी या बाँध की जरूरत नहीं, यह उम्र है, आयु है आयु इसमें कोई शुबहा नहीं कि ऐलिस अपनी जवानी में बेहद सुंदर रही होगी। अब भी, हाँ अब भी—जगह-जगह से आकर्षक है। जवानी में औरत सिर से पाँव तक सुंदर और आकर्षक होती है। फिर धीरे-धीरे आकर्षण केवल किसी जगह पर रह जाता है, फिर एक दिन आकर्षण रूठकर चला जाता है, फिर केवल खंडहर रह जाता है, फिर खंडहर भी नहीं रहता। यही हाल मर्द का है, आकाश का है, सूरज का है, सितारों का है। हर वस्तु का है। किसका नहीं है! मगर वह कल्पना तो नहीं मरती। इस पेड़-तले इस कसे हुए शरीर का प्रतिबिंब कहीं पर सुरक्षित रहेगा। एक खूबसूरत वस्त्र की भाँति इस पेड़ की डाल से लटका हुआ, कभी सौ वर्ष बाद मैं यहाँ इस पेड़-तले जरूर आऊँगी, और इस डाल से इस वस्त्र को उड़ाकर फिर से उतनी ही सुंदर बन जाऊँगी, कोई मुझे देख नहीं सकेगा। मगर मैं अपनी नजर में फिर उतनी ही हसीन हो जाऊँगी।

अनवरी ने अब उसकी अँगिया खोल दी थी, अब उसके सीने पर मालिश कर रही थी। यह मर्मरी सफेद गुंबद अनवरी की उँगलियों के हल्के-से दबाव से दब जाते हैं और फिर ऊपर उठ जाते हैं। यह बर्फ में डूबी हुई छोटी अनछुई चोटियाँ जिनके अंदर जिंदगी और जवानी, और उसके जीवन का लावा बहता है, किम्मीबाई ऊपर बरामदे से देखते-देखते अपनी बेटी के लिए गहरी ईर्ष्या महसूस करने लगी, भगवान ने मुझे ऐसी खूबसूरती न दी, कभी ऐसा जोबन न दिया, बस चंद दिनों के लिए लावा भड़का था, कुछ चमक, कुछ गरज, कुछ अंगारे, फिर बहुत-सी राख उड़ी और लावा ठंडा पड गया पिघलकर ढलक

गया, अब उसके सीने के अंदर राख के सिवा कुछ नहीं है, और अब खंडहर के। मगर वह इंदू को कभी ऐसी जिंदगी गुजारने न देगी, अगर ऐलिस-जैसी औरतें वर्षों जवान रह सकती हैं, तो इंदू को तो भगवान ने अब सबकुछ दे दिया है, अब वह इंदू की ऐसी हिफाजत करेगी, ऐसी हिफाजत करेगी कि जिंदगी झुलसकर राख बना देनेवाली गरीबी की परछाईं अब उस पर नहीं पड़ने देगी।

अनवरी की चिकनी-चिकनी हथेलियों के हल्के-हल्के दबावों और पतली-पतली उँगलियों के नाजुक फैलाव बढ़ते गए, बढ़ते गए, सीने पर चकफेरियाँ खाते गए, इंदू की आँखों में बिजलियाँ दौड़ने लगीं, होंठ ज़रा-से खुल गए, और मुँह के लोआबदार पदार्थ से गीले होने लगे, साँस रुक-रुककर चलने लगी। उसने अनवरी क़े हाथ पर अपना हाथ रखकर कहा।

''अब ऊपर गर्दन पर।''

हाथ की रोक से भावों का फेन टकराकर टुक़ड़ा ऊपर उछला ; फिर फुहार की तरह बरस गया। एक अजीब-सी नरमी इंदू को अपने सारे शरीर में प्रतीत होने लगी। उसने अपनी मस्ती के बोझ से दबी हुई आँखों की पलकें बड़ी मुश्किल से ऊपर उठाईं, और बेहद मीठी आवाज में ऐलिस से पूछा, ''कल का प्रोग्राम क्या है ?''

इंदू—ऐलिस के पास, बिलकुल उसके पाँव के पास—इंदू का चेहरा और गर्दन, ओ माई गाड, इंदू की गर्दन किस कदर लंबी है, मूजल वायन की बोतल की लंबी डंडी की तरह, नाजुक और बाँकी एक कली की तरह उसके शफ्फाक बिल्लौर सीने पर रखी है। अगर ऐलिस इस खूबसूरत गर्दन पर जोर से पाँव रख के दबा दे, जल्दी से ऐलिस ने अपना पाँव पीछे लिया, अगर वह एक औरत होकर यह महसूस कर सकती है, तो उन मर्दों के भाव क्या उनसे अलग होते हैं जो जबरदस्ती रेप कर जाते हैं। क्या यह एक ही शैतानी भावनाओं के दो रूप हैं ? ईर्ष्या और रेप।

ऐलिस ने जल्दी से बुनाई रोककर अपने खयालातों की दौड़ दूसरी तरफ मोड़कर गोद में रखी हुई कापी हाथ में लेकर खोली और धीरे-धीरे पढ़ने लगी।

''सुबह सात बजे बेड-टी।''

''यह बेड-टी भी कितनी अच्छी चीज है ! सुबह आँख खोलते ही पहली अँगड़ाई के साथ ही बेड-टी आ जाती है, खुर्शीदबाई के कंगन खनकने लगते हैं। उसकी हल्की-हल्की-सी हँसी, गुड मार्निंग मिस साहब, और फिर चीनी के

नाजुक प्यालों के खनकने की आवाज, और वह हल्की-सुनहरी ठीक दम देकर तैयार की हुई चमेली चाय, जिसका हर घूँट अमृत का-सा आनंद देता है।

"साढ़े सात बजे गिलौरिया मुँह-हाथ धुलाने आएगी।"

गिलौरिया सिर्फ मेकअप सँभालने के लिए रखी गई है। साढ़े सात बजे वह प्लास्टिक की ट्रे में मेकअप का सामान लेकर आएगी। लेकिन मेकअप नहीं करेगी, सिर्फ रात का मेकअप उतारेगी। चेहरे से रात की क्रीम साफ करेगी, फिर सारे चेहरे को हेज़ल मिल्क से धोएगी, आँख की पलकें, कान की लवें, ठोड़ी के नीचे की शिकन—एक-एक चीज को हेज़ल के दूध से धोएगी। चेहरा फूल की तरह खिल उठता है, होंठ अपने कुदरती रंग में गुलाब की पंखुड़ियों की तरह नरम और नाजुक नजर आते हैं। इनमें कातिल-कैफियत नहीं होती, जो गहरे लिपस्टिक के बाद आती है। इंदू को हल्का फीका लिपस्टिक पसंद नहीं है, जिसके लगाने से होंठ बेजान और कोढ़ी-से नजर आते हैं। वह गहरे लिपस्टिक की कायल होती जा रही है।

"साढ़े आठ बजे नाश्ता होगा।" नाश्ता कभी असली माईसन की चायना में, जर्मनी से इंपोर्ट की गई चायना, कभी चाँदी की नकशीन तश्तरियों-कटोरियों और बोलमे बॉल में, जैसे चाँदी के फूल खिले हों, फिर चमचे चाँदी की घंटियों की तरह बजते हैं। काँटों से खाने के टुकड़े पलकों की तरह उठाए जाते हैं। नैपकिन चुंबन की तरह होंठों से छुआए जाते हैं।

"साढ़े नौ बजे बाल-रूम डांस की रिहर्सल।

"साढ़े दस बजे हिंदुस्तानी संगीत।

"साढ़े ग्यारह बजे हिंदुस्तानी नाच की प्रैक्टिस।

"बारह बजे मालिश और स्नान।

"डेढ़ बजे लंच।

"ढाई बजे आराम।

"साढ़े चार बजे चाय, और फिर चेहरे का धोया जाना और मेकअप सज्जा और ड्रेस।

"छः बजे लकी प्वाइंट तक ड्राइव।

"सात बजकर पंद्रह मिनट पर वापसी।

"सात बजकर पंद्रह मिनट से सवा आठ बजे तक ग़ोरनेस से शिक्षा।

"साढ़े आठ बजे फिर डिनर।

''दस से साढ़े दस बजे तक दिन का मेकअप उतारकर रात के लिए चेहरे, गरदन और हाथों की उँगलियों के लिए क्रीम बाथ।

''साढ़े दस बजे सोने के कपड़े पहनकर सो जाना।''

ऐलिस ने कापी बंद कर दी।

''ओफ!'' इंदू ने एक लंबी साँस खींची, ''किस कदर काम है! एक मिनट की फुर्सत नहीं। मुझे मालूम नहीं था, अमीर औरतों को इतना काम करना पड़ता है।''

ऐलिस चुप रही।

इंदू ने मुँह खोलकर जम्हाई ली।

ऐलिस फौरन चिल्लाई, ''मुँह पर हाथ रखो।''

''सॉरी।'' इंदू ने माफी माँगी, ''परसों का क्या प्रोग्राम है?''

''परसों जैकब गुड मैन आ रहे हैं।''

''यह कौन साहब हैं?''

''यह तुम्हें सिखाएँगे, सिगरेट कैसे पिया जाता है और शराब कैसे पी जाती है, और पिलाई जाती है।''

''मैं न सिगरेट पीती हूँ, न शराब।''

''अब तुम्हें दोनों चीजें पीनी पड़ेंगी।''

''कोई जबरदस्ती नहीं है।''

मगर सीखने में कोई हर्ज नहीं है। कभी-कभार सोसाइटी की खातिर लोगों को सिगरेट पेश करना पड़ता है।''

''इसमें क्या है हाथ में सिगरेट लिया माचिस से जला लिया, हजारों लोगों को देख चुकी हूँ। जिसको सिगरेट देना हो उसके हाथ में सिगरेट की डब्बी दे दी, माचिस साला खुद से ढूँढ़ लेगा।''

''फिर साला कहा।'' ऐलिस ने डाँट पिलाई।

''सॉरी।'' इंदू लज्जित होकर बोली।

''सिगरेट पीने-पिलाने, ऑफर करने, इनकार करने, लाइटर से जलाने, या किसी के लाइटर से न जलाने, और एक के सिगरेट को दूसरे सिगरेट पर पसंद करने के हजार तरीके हैं। यह एक बाकायदा शिक्षा है जिसे हाई सोसाइटी में घूमनेवाली लड़कियों को सीखना पड़ता है। फर्ज कर लो एक महफिल में तुम्हारे चारों तरफ नौजवान खड़े हैं। एक तुम्हें ज्यादा पसंद है, दूसरा कम पसंद है,

तुम्हें सिगरेट ऑफर करते हैं। तुम किससे सिगरेट लोगी?"

"ज़ाहिर है जो मुझे ज्यादा पसंद है।"

"इससे दूसरे नौजवान का दिल दुखेगा।"

"दुखने दो, मुझे क्या।"

"यह बुरा ढंग है।"

"फिर क्या करना होगा मुझे?"

"फर्ज कर लो तुम्हारी पसंदवाला नौजवान तुम्हें मामूली साइज का सिगरेट ऑफर करता है, और दूसरे नौजवान के पास किंग साइज सिगरेट है, तुम आसानी से कह सकती हो कि मुझे यह छोटे सिगरेट पसंद हैं। इनमें तंबाकू कम होती है, या मुझे किंग साइज पसंद है, उसका जलता हुआ सिरा होंठों से बहुत दूर रहता है। या मुझे टिन में रखे सिगरेट पसंद हैं, उनकी खुशबू टिन में ही देर तक सुरक्षित रहती है। या तुम कह सकती हो, कि मुझे तो डिबिया पसंद है। यह ज्यादा लोकप्रिय है, या मैं तो हमेशा सिगरेट केस में से पीती हूँ। इस सूरत में जबकि तुम्हारे पसंदवाले नवयुवक के हाथ में सिगरेट केस हो, और दूसरे के हाथ में न हो! और अगर दोनों के हाथ में एक ही ब्रांड, एक ही डिबिया और एक ही-सा लाइटर हो? तो तुम्हें सिगरेट अपनी पसंदवाले नौजवान से लेनी होगी, और लाइटर से दूसरे नौजवान को सिगरेट जलाने दो, दोनों को लटकाए रखो, मगर माई डियर, बातचीत करने में बड़ी सावधानी की जरूरत है, वरना अगर एक नौजवान ने छोटा सिगरेट पेश करते हुए संकेत करके कहा—खूब! तो आपको छोटा पसंद है, और दूसरे ने आगे बढ़कर कहा, तो लंबा आपको क्यों पसंद नहीं है, तो तुम क्या कहोगी?"

इंदू का चेहरा एकदम लाल हो गया, वह बोली, "मैं चप्पल उठाकर मुँह पर मार दूँगी दोनों के।"

"चच-चच" ऐलिस बोली। यह भी ऊँची सोसाइटी की सभ्यता के विरुद्ध है। तुम हँसकर यों भी टाल सकती हो पहले से आपके छोटे मुँह से बड़ी बात अच्छी नहीं लगती, दूसरे से लंबा इसलिए पसंद नहीं है कि बेवकूफ होता है। दोनों खिसिया जाएँगे—यानी बगलें झाँकने लगेंगे।"

इंदू तारीफी निगाहों से ऐलिस की तरफ देखने लगी। इसी तरह शराब पीने और पिलाने की बात है। ऐलिस बात को बढ़ाते हुए बोली, "सैकड़ों तरह की शराबें होती हैं, उनमें ध्यान रखना कौन-सी शराब किस वक्त पेश की जाती

है। किस तरह पेश की जाती है। किस तरह उँडेली जाती है, कितनी उँडेली जाती है। किस खाने के साथ, किस महफिल में कैसी शराब चलती है, शराब के साथ सिनेक्स क्या हो, लेडीज़ को किस महफिल में नहीं पीना चाहिए, किस महफिल में वह वास्तव में न पीकर यह जाहिर कर सकती है कि वह पी रही है। पीकर न पीने और न पीकर पीने के भी अंदाज हैं। शराब का रंग-जायका—उम्र परखने के एक सौ एक ढंग हैं, जो तुम्हें दस-पंद्रह दिन में नहीं आ सकते। एक-दो साल में कहीं आएँगे। अभी तो जैकब गुड मैन सिर्फ चंद दिनों के लिए आ रहे हैं, तुम्हें चंद मोटी-मोटी जरूरी बातें समझाने के लिए।"

इंदू ने आँखें बंद कर लीं, और बड़ी बेजारी से मुँह खोलकर हल्की-सी डकार ली, "छी !" ऐलिस गुस्से से चिल्लाई, "शरीफ और इज्जतवाली औरतें कभी किसी दूसरे के सामने डकार नहीं लेतीं।"

"फिर वे क्या करती हैं ?" इंदू ने पूछा।

"किसी अकेले कोने में जाकर।"

"एक छोटी-सी डकार के लिए इतनी मुसीबत ? तुम्हारे यहाँ हर बात में मुसीबत है। हमारे यहाँ लोग रोज डकारते हैं। हाथ में सिगरेट लेकर चुटकी बजाकर राख झाड़ते हैं, बोतल से गटागट शराब पी जाते हैं।"

"वह लोग गँवार हैं।" ऐलिस ने गुस्से-भरे लहजे में कहा।

"गँवार होंगे।" इंदू बोली, "जरूर होंगे, मगर उनके यहाँ वक्त खराब नहीं होता, जितनी रस्में तुम मुझे बता रही हो, उनमें वक्त कितना खराब होता है ?"

"माई डियर, उन लोगों के पास खराब करने के लिए वक्त कहाँ है। और हम लोग,.अगर हम लोग वक्त खराब न करें तो क्या करें।"

"मैं बंबई जाना चाहती हूँ।" इंदू ने एकदम फैसला किया, और उठकर गालीचे पर खड़ी हो गई; अनवरी अब उसके टखने सहला रही थी, बदस्तूर सहलाती रही।

"तुम बंबई क्यों जाना चाहती हो ?"

"बस एक दिन के लिए।"

"क्या काम है ?"

"है कोई।"

"मुझे बताओ।"

"नहीं बताऊँगी।"

"तुम बंबई नहीं जा सकतीं।"

"क्यों नहीं?"

"सेठ का हुक्म है।"

"तो मैं इसी वक्त जाऊँगी।"

"मूर्ख मत बनो।"

"तो मैं मालिश नहीं कराऊँगी।"

"मालिश करीब-करीब खत्म होने को है। तुम नहा सकती हो।" ऐलिस ने घड़ी देखकर कहा।

इंदू सटपटाकर सीढ़ियाँ चढ़कर बरामदे में से अपनी माँ के पास से गुजरकर तेज-तेज कदमों से अपने कमरे के अंदर चली गई, गिलौरिया उसे नहलाने के लिए आ गई। लंच के बाद सोने तक किसी ने उसे अकेले नहीं रहने दिया, अजीब तरह की कैद है, वह यहाँ सोने की जंजीरों में बँधी हुई है।

लंच के बाद उसे अपने बेडरूम ही में महसूस हुआ कि अब वह अकेली है। तकरीबन दो घंटे के लिए, कुछ देर तक उसने गुस्से से होंठ काटे, फिर नाखून काटे, फिर पाँव पटके, फिर पर्स उठाकर उसके अंदर झाँका, डेढ़-दो सौ रुपए होंगे।"

उसने कपड़े नहीं बदले, बेडरूम की खिड़की के पीछे की खिड़की से नीचे उतर गई। शीरी विला की ढलवानों से उतरकर सायादार पेड़ों की आड़ में होते हुए वह नीचे बाजार तक आ गई। वहाँ से स्टेशन पहुँचकर उसने बंबई जानेवाली पहली गाड़ी का टिकट कटा लिया, आधे घंटे में गाड़ी आनेवाली थी, कई लोग उसे घूरकर देख रहे थे। मगर उसे उन लोगों की परवाह न थी, बस उसे यही डर था, कोई शीरी विला से न आ जाए, या उसे पहचानकर वापस न ले जाए, सबसे ज्यादा वह ऐलिस से डरती थी—मगर आधा घंटा गुजर गया, और शीरी विला से कोई न आया। शायद उसे किसी ने छुपकर भागते हुए नहीं देखा था। गाड़ी आई, वह फर्स्ट क्लास के डब्बे में बड़े आराम से बैठ गई।

9

अब वह भास्कर गैराज के सामने खड़ी थी, रंजीत का बाप एक पुरानी मोटर में सिर दिए सोच-विचार में तल्लीन नज़र आता था। उसने इंदू को नहीं देखा था, मगर उसके दो नौकरों ने देख लिया। उनमें से एक ने भास्कर को ठोका देकर खबरदार किया। जब भास्कर ने सिर उठाकर अपने मददगार को देखा, तो उसने खामोशी से इंदू की तरफ इशारा किया। पहले तो भास्कर इंदू को बिलकुल नहीं पहचाना, फिर ज़ब बिलकुल पास आके उसने अपनी ऐनक उतारी, तो इंदू को पहचानकर चौंक गया। चौंककर सम्मानित अंदाज में खड़ा हो गया, यह बिलकुल नई बात थी इंदू के लिएं, क्योंकि इंदू को मालूम था कि रंजीत का बाप उसे सख्त नापसंद करता है, और इस संबंध में भास्कर ने कभी कोई लगी-लिपटी नहीं रखी थी। इस वक्त भास्कर का उसे इस तरह सम्मानित निगाहों से देखना ब़ड़ा अजीब़-सा लगा, अच्छा भी लगा, फिर भी वह कुछ शरमा-सी रही थी। उसकी समझ में न आया वह कैसे भास्कर से बात करे। पर्स के हैंडल की सुनहरी ज़जीर से कुछ पलों खेलने के बाद उसने नजरें झुकाए हुए पूछा, "रंजीत कहाँ है ?"

"रंजीत ?" भास्कर हैरत से बोला, "आपको मालूम नहीं !"

"नहीं।"

"वह तो श्रीनगर गया है।"

"श्रीनगर ?" इंदू ने चौंककर आँखें ऊपर उठाईं, "क्यों ?"

"आपको यह भी मालूम नहीं !" भास्कर ने फिर पूछा।

"मुझे कुछ मालूम नहीं, और मालूम भी कैसे होता, वह—वह जाने से पहले मिला तक नहीं।" न चाहते हुए भी इंदू के लहजे में शिकायत आ गई। उसकी आवाज काँप गई।

इसमें क्या राज है भास्कर ने सोचा। रंजीत का जाना इंदू से इस कदर छुपाकर क्यों रखा गया है। रंजीत ने तो कहा था कि इंदू भी कश्मीर जा रही है, मगर इस लड़की के चेहरे को देखने से तो यह पता चलता है कि इसे कुछ मालूम नहीं है। और अगर इससे यह सब बातों पोशीदा रखी गई हैं तो वह खुद इस राज

को खोलनेवाला कौन होता है। हो सकता है उससे कोई ऐसी गलती हो जाए जिससे उसके बेटे की नौकरी पर हर्फ आए, सेठ बोमन की गाड़ियाँ उसके गैराज में आने लगी थीं। नहीं, नहीं, उसे इस मामले में होशियारी से चलना होगा, "बताया तो उसने मुझे भी कुछ नहीं है।" भास्कर ने झूठ बोल दिया। "इसलिए अब मैं भी आपको क्या बता सकता हूँ।"

"क्या वह—वह अकेला गया है?" इंदू ने सवाल किया।

"जी हाँ, बिलकुल अकेला गया है।"

इंदू को कुछ भरोसा तो हुआ, मगर फिर वहम और वसवसे काले धब्बों की तरह उसके ज़ेहन में फैलने लगे—श्रीनगर? श्रीनगर वह कैसे चला गया, और अकेला क्यों गया, वह कब तक आएगा?" उसने रुक-रुककर पूछा।

"कहता था, महीना लग जाएगा। दो महीने लग जाएँ कुछ ठीक से बताया नहीं।" भास्कर ने सोचा ज्यादा देर तक बात करना ठीक नहीं रहेगा।

इंदू मायूस होके मुड़ने लगी, तो भास्कर ने आगे बढ़कर अदब से कहा, "कहिए, मैं आपको कफ परेड तक पहुँचा दूँ।"

"नहीं, मैं खुद चली जाऊँगी।"

आँसू उसकी आँखों में आने लगे थे। और वह नहीं चाहती थी कि रंजीत का बाप उन्हें देख ले। रंजीत कैसे श्रीनगर चला गया उससे मिले बगैर, उसे कुछ बताए बगैर, श्रीनगर अकेला क्यों गया होगा वह? श्रीनगर जाने के लिए उसने रुपए कहाँ से हासिल किए, उसका कठोर बाप तो उसे कभी एक फूटी कौड़ी न देता। रंजीत उससे कैसे बेवफा हो सकता है, यह उसका दिल अभी तक मानने के लिए तैयार न था। सबकुछ उसके हाथों में देकर वह कैसे अलग़ हो सकता है? क्या कोई दूसरी लड़की रंजीत की जिंदगी में आ गई थी, क्या उसकी खातिर वह अब मुझसे शादी नहीं कर रहा था, और सारा इल्ज़ाम अपने बाप पर धरता था।

इस तरह के खयालों में डूबी हुई और सिर झुकाए हुए इंदू धीरे-धीरे गैराज से महालक्ष्मी स्टेशन के नाके की तरफ जाने लगी, जहाँ उसे कोई टैक्सी मिल जाएगी। चंद कदम चलकर एकाएक वह सामने से आनेवाली एक लड़की से टकरा गई, इंदू ने गरदन उठाकर देखा—वह रानीबाला थी।

"इंदू? तुम यहाँ कहाँ।" रानीबाला खुशी से चीख पड़ी।

"ऐसे ही।"

"पैदल।"

"टैक्सी मैंने छोड़ दी थी।"

"मगर टैक्सी क्यों, गाड़ी क्यों नहीं ?"

"ऐसे ही।"

रानीबाला ने इंदू की भीगी पलकें देखकर कुछ अंदाजा लगाया मगर ठीक तरह से समझ न सकी। भास्कर गैराज की ओर एक नजर डालकर बोली, "क्या रंजीत के बाप से मिलने आई थी ?"

"हाँ।"

"सुना है रंजीत श्रीनगर गया है ?"

"हाँ।" इंदू ने धीरे-से कहा। वह इस घटना पर किसी से बात नहीं करना चाहती थी।

वह दोनों अब चलते-चलते झोंपड़ पट्टी के पास आ गईं। रानीबाला ने कहा, "तुम्हारी खोली उसी तरह बंद पड़ी है।"

"अच्छा।"

"एक चौकीदार भी रोज सोता है, सेठ बोमन ने रख दिया है।"

"अच्छा।" इंदू ने पूछा।

"अच्छा क्या? तुम्हें मालूम नहीं है," रानीबाला ईर्ष्या और जलन से तिलमिलाकर बोली, "बेकार बन रही हो।"

"मैं सच कहती हूँ रानी, मुझे कुछ मालूम नहीं है।"

"मगनभाई अब रोज हमारे घर आता है।" रानीबाला का सीना गर्व और ग़रूर से तनने लगा।

"अच्छा।" इंदू के मुँह से निकला।

"और अब वह बीस हजार देने को तैयार है। पर मेरी माँ एक फ्लैट और गाड़ी भी माँगती है।" रानी ने इंदू को बताया।

"बहुत खूब।" इंदू ने ऊपरी दिल से कहा, उसे रानी के चाहनेवालों में कोई रुचि न थी।

इतने में झोंपड़ पट्टी की बहुत-सी औरतें, बच्चे, लड़के, लड़कियाँ, बूढ़े मर्द, बेकार नौजवान उसे पहचानकर निकल आए थे और हैरत से उसके चारों ओर जमा हो गए थे, और उससे तरह-तरह की फरमाइशें करने लगे।

"भगवान ने तुम्हें सबकुछ दिया है तो हम गरीबों का भी खयाल करो" बुढ़ी

भीकाबाई अपनी फटी लरजती हुई आवाज में बोली।

"भाड़ा हाँ, सेठ से कहो भाड़ा कम कर दें माँ।" कोरिया खाँसते हुए बोला।

"मेरी खोली की छत गिरनेवाली है।" यह चिमनीबाई की आवाज थी जिसकी खोली इंदू की खोली से लगी हुई थी।

"दो नल लगवा दो।" सत्तरह वर्ष का मेनन, काला-सूखा, लंबा अपनी झगड़ालू आवाज में बोला।

"पहले सामने मैदान में संडास के लिए जाते थे, फिर अब वह जमीन सीमेंट पाइप बनानेवाली कंपनी ने ले ली है, और चारों तरफ लोहे की बाढ़ लगवा दी है, अब हमारी औरतें किधर जाएँ?"

"सेठ बोमन के किसी कारखाने में मुझे चौकीदार लगवा दो।" बाईस वर्ष का तांबे बोला। अभी छः महीने की जेल काटकर आया था पहली बार इसलिए ऐसा बोल रहा था। दो-तीन दफा के बाद ऐसा नहीं बोलेगा।

"इंदू-इंदू, मुझे भेलपुरी के लिए चार आने दो।" छः वर्ष की पुरुनया बोली।

"मेरी बच्ची की तीन महीने से फीस नहीं गई है।" पुरुनया की माँ काँपती हुई आवाज में बोली।

गंदगी–बदबू–गरीबी–मजबूरी–भूख, बेकारी, गुस्सा–जलन मायूसी–गहरी गँदली रिसती हुई नासूरों-भरी निराशा। इच्छाएँ चिथड़ों की तरह तार-तार, ची-ची करती मैली बदरंग आवाजें मक्खियों की तरह उसके चारों ओर भिनभिनाती हुईं।

इंदू ने अपना बटुवा खोला और सिर्फ वापस जाने के लिए किराया और कुछ रुपए ऊपर रखकर बाकी सब रकम उसने बच्चों में बाँट दी। भीड़ उसके चारों ओर बराबर बढ़ती जा रही थी।

और एक बार तो वह गिरते-गिरते बची, गोया किसी का इरादा उसे गिराने का नहीं था। उसे धक्का देने का नहीं था, मगर उनकी रोजमर्रा की कुचली हुई माँगें, उनकी घुटी तरसी जिंदगियाँ स्वयं उन्हें दे-देकर उन्हें इंदू के करीब जाने पर मजबूर कर रही थीं। जैसे चारों तरफ से जरूरत-मंद हाथ उसे नोचने पर तुल गए हों, बड़ी मुश्किल से इंदू अपनी जान बचाकर भागी, और भागते वक्त उसने अपने पीछे रानीबाला को, और दूसरी औरतों और मर्दों के बेरहम ठाके सुने, जो कुछ उसके पास था–उसके बटुवे में था, वह सबकुछ–तकरीबन

सबकुछ उसने दे दिया था, मगर वह उसके कृतज्ञ नहीं थे। क्योंकि वह चंद सिक्के—उनकी गरीबी के समंदर में गिरकर उसी पल डूब चुके थे।

भास्कर गैराज से महालक्ष्मी पुल तक दौड़ते-दौड़ते इंदू का दम फूल गया। पहले कभी नहीं फूलता था। महालक्ष्मी लोकल स्टेशन के बाहर उसे एक टैक्सी मिल गई। वह जल्दी से उसका दरवाजा खोलकर उसमें बैठ गई। ड्राइवर ने फ्लेग गिराया, तो इंदू ने कहा, "बोरी बंदर।"

मगर सात रास्ते के सर्किल पर पहुँचकर इंदू का इरादा बदल गया। वह बोली, "नहीं, कफ परेड ले लो।"

अब इस वक्त उसमें खंडाले जाने की हिम्मत नहीं थी। उसमें ऐलिस, और अपनी माँ, और उन दूसरी तमाम औरतों का सामना करने की हिम्मत नहीं थी। मालूम नहीं क्यों उसे बुड्ढे बोमन पर भरोसा था। उसे देखकर कितना हैरान होगा। और हुआ भी। यही बुड्ढा बोमन खाना खाकर कॉफी पी रहा था, कि इंदू उसके सामने जाकर खड़ी हो गई। वह उस वक्त प्याली तिपाई पर रखकर टेलीफोन का रिसीवर उठा ही रहा था कि उसने अपने सामने इंदू को खड़े देखा। चंद क्षणों तक वह पलकें झपका-झपकाकर उसे देखता रहा, फिर जब उसे यकीन हो गया कि यह इंदू ही है, तो उसने रिसीवर वापस रख दिया, और आहिस्ता से बोला—

"तुम्हें ढूँढ़ने के लिए बांबे, खंडाला, पूना, नासिक तक पुलिस हरकत में आ चुकी है।"

चुपचाप एक अपराधिन की तरह इंदू उसके सामने खड़ी रही। बोमन ने बड़े प्यार से उसे अपने पास सोफे पर बैठने का इशारा किया। इंदू बगैर कुछ बोले उसके पास सोफे पर बैठ गई।

बोमन ने कहा, "तुमसे बात करने से पहले मैं पुलिस को बता देना चाहता हूँ, कि तुम मुझे मिल गई हो।" पुलिस हैड क्वार्टर से नंबर मिलाकर उसने इंदू के मिल जाने की खबर दे दी, फिर रिसीवर रखकर आहिस्ता से वह इंदू के सिर पर हाथ फेरने लगा क्योंकि इंदू अब रो रही थी।

"क्या बात हुई तुम खंडाले से क्यों आ गईं?"

इदू ने रुँधे गले से कहा, "वहाँ मेरा दिल नहीं लगता।"

"क्यों, क्या किसी तरह की तकलीफ है तुम्हें वहाँ? खाने की, पीने की, रहने की, लिबास की, नौकरों-चाकरों की, मोटरगाड़ी की, सहेलियों की, कोई

तकलीफ है तुम्हें।'' बोमन ने पूछा।

''नहीं।''

''फिर क्यों आ गईं?''

''दिल नहीं लगता है।'' इंदू ने बड़ी सादगी से जवाब दिया। फिर अपना सिर उसकी गोद में रख दिया और रोने लगी। बोमन के मुँह से हल्की-सी एक आह निकली। उसे मालूम था, इंदू क्यों रो रही है—किसके लिए? क्यों इंदू का दिल खंडाले में नहीं लगता, उसे इंदू से बड़ी सहानुभूति हो गई थी, लेकिन कुछ मामलों में वह भी मजबूर था। बेबस था। वह बड़े प्यार से कुछ देर तक उसके बालों में उँगलियाँ फेरता रहा, उसका सिर सहलाता रहा, जब इंदू के आँसू थमे, तो उसने धीरे से पूछा—

''खाना खा लिया?''

''नहीं।''

सर बोमन ने नरम मगर मजबूत लहजे में कहा, ''पहले मुँह-हाथ धो लो, फिर खाना खा लो, फिर तुमसे बात करेंगे। जब तक मैं खंडाले फोन पर बात कर लेता हूँ। उन सबकी बुरी हालत है, मैं उन सबको निकाल देना चाहता हूँ।

''मगर गलती मेरी है।'' इंदू ने पछताते हुए कहा, ''मैं खुद ही किसी को बताए बिना चली आई।''

''तुम अभी बच्ची हो, उन्होंने तुम्हारी ठीक से देखभाल नहीं की।''

''उन्हें नौकरी से अलग मत करो।'' इंदू अनुरोध करते हुए बोली।

''मगर पहले वायदा करो कि कभी ऐसी हरकत नहीं करोगी।''

''हाँ, वायदा करती हूँ।''

''तो जाओ मुँह-हाथ धो के खाना खा लो, फिर चंद मिनट के लिए मेरे बेडरूम में आ जाना।''

खाने से फारिग होकर जब वह उसके बेडरूम में पहुँची तो वह अपना नाइट गौन पहने परेशानी में टहल रहा था। उसने इंदू को एक आराम-कुर्सी पर बिठा दिया, उसके चारों तरफ एक हल्की-सी शॉल लपेट दी, और फिर टहलना शुरू कर दिया। वह खामोशी से बैठी रही, मगर बोमनजी की परेशानी और गमगीनी देखकर उसके अपने दिल की धड़कन भी तेज हो चली थी।

वह उसकी कुर्सी से घूमकर कमरे के आखिरी कोने में जहाँ उसका ड्रेसिंगटेबुल रखा था, वहाँ तक जाता था, और फिर वापस इंदू के पास आता

था। फिर चला जाता था। ऐसी व्याकुलता में बहुत-से क्षण बीत गए।

आखिर वह एक स्टूल लेकर उसके सामने बैठ गया।

''जानती हो तुम कितनी बड़ी जायदाद की मालिक बननेवाली हो?''

''हाँ।'' इंदू बोली।

''यह भी जानती हो कि इतनी बड़ी जायदाद को सँभालने के लिए अक्ल चाहिए।''

इंद चुप रही।

''जानती हो?'' बोमन ने फिर पूछा।

''किस तरह की अक्ल?'' इंदू ने सवाल किया।

''मिसाल के तौर पर क्या तुम्हें मालूम है कि कारखाना कैसे चलता है?''

''नहीं।''

''बैलेंसशीट किसे कहते हैं?''

''नही।''

''ओवर ड्राफ्ट किसे कहते हैं?''

''बैंक में एकाउंट कैसे खोलते हैं?''

इंदू ने खामोशी से 'न' में सिर हिला दिया।

''बैंक में रुपया कैसे जमा करते हैं, कैसे निकालते हैं? अगर मैं कल मर जाऊँ तो तुम कितने दिन इस जायदाद को सँभाल पाओगी? तुम्हें कुछ मालूम नहीं है। इस मामले में तुम इस कदर कोरी हो जैसे पहले दिन का बच्चा।''

इंदू की आँखों में आँसू उभरने लगे।

''रोने से काम नहीं चलेगा।'' सर बोमन ने डाँटा।

इंदू ने सिर झुका लिया।

''मैं तुम्हारी शिक्षा पर हजारों रुपए खर्च कर रहा हूँ, ताकि तुम जल्दी से इस लायक हो जाओ कि मैं जो कुछ तुम्हारे लिए छोड़ जाऊँ, उसे तुम ढंग से और कायदे से सँभालकर अपने पास रख सको। और तुम कहती हो तुम्हारा जी नहीं लगता।'' बोमन फिर उठकर टहलने लगा और फिर उसके सामने आकर बोला, ''मैं अगर कल मर जाऊँ और फर्ज़ कर लो मरने से पहले मैं यह सारी जायदाद और दौलत तुम्हारे नाम लिख के मर जाऊँ, और तुम्हारी सूझ-बूझ, शिक्षा और अक्ल जो आज है, तो—जानती हो उस हालत में तुम कितने दिन तक इस दौलत को सँभालकर अपने पास रख सकती हो? जानती हो कितने दिन

तक ?"

इंदू ने निगाहें उठाकर उसकी तरफ देखा।

बोमन ने कहा, "एक दिन, सिर्फ एक दिन, दूसरे दिन सुबह होने से पहले यह सारी जायदाद तुम्हारे हाथ से निकल चुकी होगी।" इतना कहकर वह कुछ देर तक चुप रहा ताकि अब तक जो उसने कहा है, वह इस बेवकूफ लड़की के दिमाग में बैठ जाए। फिर बोला, "इसलिए तुम्हारी शिक्षा का इतना महँगा और उंदा इंतजाम किया है, ताकि तुम जल्दी-से-जल्दी हमारी वारिस बनने के काबिल बन जाओ, और तुम कहती हो तुम्हारा दिल नहीं लगता है।"

इंदू शर्मिंदा होकर रोने लगी, बोमन ने उसके सिर पर हाथ रखकर उसे दिलासा दिया और कहने लगा, "क्या तुम वापस जाओगी, और अपने-आपको इस काबिल बनाओगी, या कि मैं तुम्हारी तरफ से निराश हो जाऊँ ?"

इंदू सिसक-सिसककर कहने लगी, "नहीं मैं वापस जाऊँगी और पूरी मेहनत से काम लेकर आपके भरोसे को सही कर दिखाऊँगी।" इंदू के भोले चेहरे पर एक नई भावना दिखाई देने लगी।

बोमन ने प्यार से उसका गाल थपथपाकर कहा, "कल मैं खुद तुम्हारे साथ खंडाले चलूँगा। तुम्हारे लिए अगले दो माह का प्रोग्राम तै करके आऊँगा। तुम्हें अपने-आपको इतना व्यस्त रखना चाहिए कि कोई दूसरा खयाल तुम्हारे दिल में न आ सके।"

10

रंजीत ने सुन रखा था कि कश्मीर के नजारे स्विट्ज़रलैंड से ज्यादा खूबसूरत हैं। कश्मीर जन्नत का प्रमाण है। और जिसने इस दुनिया में कश्मीर नहीं देखा, तो कुछ नहीं देखा। उसे सबकुछ अच्छा लगा था। और उसे यह भी महसूस हुआ था कि पश्चिमी घाटों से कश्मीर की घाटियों की सुंदरता बिलकुल अलग है। पश्चिमी घाटों की वादियों और पहाड़ियों की सुंदरता में और कश्मीर के दृश्यों की सुंदरता में वही अंतर था, जो एक सीधी-सादी गँवार देहातन और पढ़ी-लिखी सभ्य तथा श्रृंगार से परिपूर्ण किसी शहरी सुंदरी में हो सकता है।

लगता था कि कश्मीर की झाँकी कुदरत ने स्वयं अपने हाथों से गढ़ी और सँभाली है। मगर यह सब उसे कुछ दिनों ही अच्छा लगा, क्योंकि उसे इंदू के आने का इंतजार था। और उसके आने का उसे यकीन था। फिर ज्यों-ज्यों इंतजार के दिन लंबे होते गए, और जुदाई के फ़ासले बढ़ते गए, उसे कश्मीर फीका, बेरंग और बेअर्थ नज़र आने लगा।

इंदू के बग़ैर कश्मीर ऐसा था, जैसे किसी दुल्हा को दुलहन के बग़ैर हनीमून गुज़ारने के लिए कश्मीर भेज दिया जाए। किसी दृश्य का आकर्षण न था, हर तरफ़ राख के रंग का धुआँ-सा उड़ता था, और कश्मीर की तमाम खूबसूरतियाँ फीकी थीं। पहले पंद्रह-बीस रोज तक तो उसने कावसजी से इंदू के बारे में पूछा भी था, फिर उसने पूछना भी छोड़ दिया, और दूसरा महीना आधा गुजर जाने पर जब कावसजी ने उसे बताया कि इंदू नहीं आ रही है, तो उसे किसी तरह की निराशा नहीं हुई, क्योंकि पहले ही इस क़दर निराश हो चुका था कि इस खबर से उसे एक तरह की तसल्ली हो गई, फिर एक तरह की खुशी-सी हुई जब कावसजी ने उसे बताया कि इस माह के अंत तक वे लोग बंबई लौट जाएँगे। और वह अब दो माह के बाद बंबई वापस आकर इंदू को लाने के लिए खंडाले भेजा जा रहा था।

शीरी विला के पोर्च में गाड़ी रोककर उसने एक नौकरानी के ज़रिए अपने आने की खबर इंदू को भिजवा दी थी, और अब वह धड़कते दिल से इंदू के बाहर आने का इंतजार रहा था। निचले हॉल से उसे तबले और घुंघरुओं की आवाज सुनाई दे रही थी, फिर हॉल के दरवाजे का एक पट खुला, चंद पलों के लिए एक नाचती हुई लड़की का हसीन चेहरा नजर आया। यह इन्दू थी। फिर पट खट् से बंद हो गया। अब ऐलिस उसके सामने खड़ी थी। रंजीत ने चौंककर उसे देखा, टोपी सिर से उतारकर सलाम किया।

ऐलिस ने ज़रा-सा सिर हिलाकर उसका सलाम कबूल किया।

रंजीत ने कहा, "हम लोग आ गए हैं।"

"कितनी गाड़ियाँ आई हैं?" ऐलिस ने पूछा।

"चार।"

"ठीक है, तुम नीचे गैरेज में अपनी गाड़ी ले जाओ, वहीं नौकरखाने में तुम्हें एक कमरा मिल जाएगा। मैंने चौकीदार से कह दिया है, तुम जा सकते हो।" इतना कहकर ऐलिस घूम गई, दरवाजा खोलकर अंदर गई, कुछ क्षणों के लिए

पट खुला, रंजीत की बेचैन निगाहें एकाएक नाचती हुई इंदू की निगाहों से जा मिलीं, दूसरे क्षण ही दरवाजा बंद हो गया।

क्या उसने मुझे देखा था, शायद नहीं देखा होगा, जरूर देख लिया होगा। दो अलग-अलग दिशाओं से आनेवाले बिजली के छोर—उस एक निगाह में जोरदार धमाके से मिल गए थे। उस एक पल की पहचान का गहरा संगम दूर-दूर तक उनकी आत्मा के तट पर फैल गया था।

फिर दरवाजा बंद हो गया, और लहर रुक गई मगर संगम के जल का शोर अभी तक उसकी आत्मा में गूँज रहा था। उसे यकीन था कि इंदू ने उसे देख लिया है, और अब वह दरवाजा खोलकर दौड़ती हुई उससे मिलने के लिए चली आएगी।

वह देर तक बंद दरवाजे के बाहर खड़ा रहा, धड़कते दिल के साथ, फिर बुझते दिल के साथ, फिर पानी बंद भारी दरवाजों से टकरा-टकराकर लौट गया। इंदू नहीं आई। सूखी रेत तट के चारों ओर बिखर गई।

भारी कदमों से रंजीत पोर्च की सीढ़ियाँ उतरने लगा। एक, दो, तीन, चार, ही तो सीढ़ियाँ हैं, मगर कितना लंबा रास्ता तै करती हैं। हर सीढ़ी पर उसके कदम भारी होते गए। उसे लगा जैसा वह किसी अँधेरे और गहरे कुएँ में उतरता जा रहा है। गाड़ी में बैठकर उसने इंजन खोला, और नीचे नौकरखाने की तरफ देखा।

दिनभर इंदू का इंतजार करता रहा, शायद दोपहर के खाने पर वह उसे बुला भेजेगी। दोपहर का खाना हो गया और उसके लिए खाना भी भेज दिया गया, मगर इंदू नहीं आई। वह गुस्से से चारपाई पर औंधा लेट गया। वह रोना चाहता था, मगर गुस्सा इस कदर ज्यादा था कि आँसू उसकी आँखों में नहीं आ रहे थे। फिर उसे अपने दरवाजे पर खटका-सा महसूस हुआ। वह आ गई। भागकर वह दरवाजे तक गया, चंद क्षणों खड़ा रहकर उसने अपनी उखड़ी-सी साँस पर काबू पाया। बाहर से भी किसी की तेज-तेज साँसों की आवाज-सी सुनाई दे रही थी। उसने जल्दी से दरवाजा खोल दिया। सामने कोई न था, बरामदा खाली था, निराश होकर वह अंदर लौट आया। दरवाजा उसने जोर से लात मारकर बंद कर दिया, और धड़ाम से फिर अपनी चारपाई पर औंधा गिर गया। अब उसे लगा जैसे दरवाजे के बाहर खड़ी हुई वह जोर-जोर से हँस रही है। रंजीत ने उठकर गुस्से में बंद दरवाजे को मुँह चिढ़ा दिया, मत आओ—मत

आओ, मैं अब जिंदगी-भर तुमसे बात नहीं करूँगा, क्या समझती हो तुम ?

शाम के झुटपुटे में जब वह नई मर्सडीज़ को गैरेज से बाहर निकालकर उस पर कपड़ा फेर रहा था, तो उसने इंदू और सूसन को अपनी तरफ आते देखा, दोनों की नजरें नई मर्सडीज़ पर थीं, जिसे चमकाने में वह इस समय लगा हुआ था। इंदू की पहली निगाह तो गाड़ी पर ही पड़ी थी, मगर जब दूसरी नजर ड्राइवर पर पड़ी तो वह भौचक्की-सी रह गई। चलते-चलते उसके कदम ठिठक-से गए, सूसन को लगा जैसे वह ठोकर खाकर गिरनेवाली है। उसने जल्दी से इंदू को सहारा दिया, मगर फौरन ही इंदू सँभल गई, और सूसन की मदद के बगैर गाड़ी की तरफ बढ़ने लगीं।

रंजीत को देखकर इंदू की लाबनी पलकों के नीचे गुलाबी गाल लाल होने लगे। रंजीत ने देखा, इन दो-ढाई माह में इंदू की रंगत और सुंदरता कैसी निखर गई है। हाथ कितने मुलायम नजर आ रहे हैं, और डूबती हुई लालिमा में उसका गुलनार चेहरा, ऊदे फूलोंवाली फ्रेंच शिफान साड़ी के आँचल में कितना सुंदर नजर आ रहा था। रंजीत के गले में कोई फाँस-सी चुभने लगी। उसने इंदू को देखकर ज़रा-सा मुँह मोड़ लिया, और पीले फलालैन के लंबे टुकड़े को लेकर बादामी रंग की नई मर्सडीज़ चमकाने लगा।

शीरी विला पेड़ों से घिरे हुए एक पहाड़ी टीले पर बना था, नीचे चार मोटर गैरेज थे, और ड्राइवरों के लिए कमरे और नौकरखाने। सूसन ने इंदू को बताया था कि सेठ ने तुम्हारे लिए नई मर्सडीज खरीदी है, उसे देखने के लिए सूसन को लेकर नीचे चली आई थी।

आकाश के ढलते हुए नारंगी गुबार में अब संध्या का सुरमई रंग शामिल हो चला था, रंजीत ने अपनी गंदी पतलून टखनों तक चढ़ा रखी थी, और उसके साँवले मजबूत हाथ बड़ी होशियारी से मर्सडीज़ की चिकनी छत पर चल रहे थे। सूसन ने कहा, "यह बिलकुल नया मॉडल है। बंबई में पहली गाड़ी आई है।"

इंदू के कंधे काँपे। उसने थरथराती आवाज में सूसन से कहा, "ऊपर से एक शाल ले आओ, मुझे सरदी लग रही है।"

सूसन ऊपर शाल लाने दौड़ी-दौड़ी गई। नीचे से ऊपर, ऊपर से नीचे आने

में कम-से-कम दस-पंद्रह मिनट तो जरूर लगेंगे। तब तक वे दोनों बात कर सकते हैं।

इंदू कुछ पल खामोशी से रंजीत की तरफ देखती रही, जो उसकी तरफ देख भी नहीं रहा था। "यह नई मर्सडीज़ है ?" अंत में इंदू ने पूछ ही लिया।

"हाँ," रंजीत गुर्राया।

"इसे तुम चलाते हो ?"

"हुम," रंजीत ने जवाब दिया।

"कल इसी गाड़ी से तुम हमें बंबई ले चलोगे ?"

"हाँ।" रंजीत एक पल के लिए ज़रा-सा मुँह खोलकर बोला।

कुछ क्षण खामोशी रही। ऐसे कीमती पल अगर खामोशी में गुजर गए तो क्या होगा ? वह रंजीत का गुस्सा समझ सकती थी, मगर उसकी समझ में नहीं आ रहा था कि वह कैसे उसके गुस्से को दूर करे। और जब तक रंजीत का गुस्सा दूर हो सूसन आ जाएगी, या संभव है ऐलिस ही शाल लेकर आ जाए, और दिल की दिल में ही रह जाए।

इंदू एकाएक भड़ककर बोली, "आखिर तुम मेरी तरफ देखते क्यों नहीं हो ?"

"देखकर क्या करूँगा ?" रंजीत ने गाड़ी पोंछते-पोंछते पूछा।

"तुम इतने बदल क्यों गए हो ?" इंदू ने हैरत में डूबकर उससे पूछा।

"बदला मैं हूँ कि तुम बदली हो।" पहली बार हाथ रोककर रंजीत ने उसकी तरफ गुस्से-भरी निगाहों से देखा।

"मैं कहाँ बदली हूँ ! ढाई महीने से तुम्हारा इंतजार कर रही हूँ। एक दफा भी तुम मुझसे मिलने के लिए नहीं आए।"

"मैं मिलने के लिए नहीं आया ? क्या कहती हो, दस बार तो तुम्हें टेलीफोन कर चुका हूँ ; मगर तुम्हें तो मुझसे बात करने की फुरसत नहीं है। इसलिए तुम भला क्यों टेलीफोन पर आतीं ?"

"मुझे किसी ने तुम्हारा टेलीफोन नहीं दिया।" इंदू ने आश्चर्य से कहा।

"झूठ मत बोलो।"

"नहीं, सच कहती हूँ, मुझे तुम्हारा कोई टेलीफोन नहीं मिला।"

"फिर सेठ बोमन ने कहा, तुम कश्मीर जानेवाली हो, इसलिए मैंने उसके यहाँ ड्राइवरी की नौकरी कर ली, कि इसी बहाने तुम्हारी सूरत देखने को मिल

आएगी।"

"मैं कश्मीर जानेवाली हूँ?"

"हाँ, दो महीने पहले, आज से दो महीने पहले, ऐसा सेठ बोमन ने मुझसे कहा था। मैं कावसजी के साथ बंबई से गाड़ी लेकर श्रीनगर गया था। जम्मू, भदरवा, कहाँ-कहाँ फिरता रहा, और रोज तुम्हारा इंतजार करता रहा, मगर तुम नहीं आईं।"

"मैं—कश्मीर, मगर मुझसे तो किसी ने कुछ कहा ही नहीं।" इंदू आश्चर्य से बोली।

"अब इतनी भोली मत बनो, मुझे श्रीनगर भेजकर तुम यहाँ खंडाले में सैर करने आ गई हो, उस पर कहती हो मुझे कुछ मालूम नहीं है।"

"रंजीत।" दुख और क्रोध से इंदू की आवाज गले में दबने लगी।

"ठीक भी है, अब तुम्हारा-मेरा साथ क्या माने रखता है, तुम एक करोड़पति लड़की हो, मैं एक गरीब ड्राइवर हूँ। तुम ऊपर के बँगले में रहनेवाली, मैं नीचे इस नौकरखाने में सोनेवाला।" रंजीत का लहजा ब्लेड की धार की तरह तेज था। "मेरा-तुम्हारा साथ भी क्या, मैं··· गलती मेरी है—जिसने ऐसी गलत उम्मीद बाँधी तुमसे।" रंजीत गाड़ी की दूसरी तरफ जाकर मडगार्ड साफ करने लगा। अब उसकी पीठ इंदू की तरफ थी। पलकों पर आँसू लिए इंदू भी उसके पीछे-पीछे गई और कँपकँपाते लहजे में बोली, "मैं वह नहीं हूँ, जो तुम समझते हो, न मैं बदली हूँ, न मेरा दिल बदला है, जब तुम नहीं आए, तो मैं यहाँ खंडाले से भागकर तुमसे मिलने के लिए अकेली भास्कर गैरेज तक गई थी। तुम्हारे पिता जी मिले थे, तुम उनसे पूछ सकते हो। उन्होंने मुझे बताया था कि तुम श्रीनगर चले गए हो।" इतना कहकर इंदू रुक गई, क्योंकि सूसन भागती हुई शाल लेकर इंदू के करीब आ रही थी। इंदू ने शाल देखकर फौरन लौटाते हुए कहा, "भला यह शाल क्या इस साड़ी के साथ चलेगा?"

"तो ऊदा शाल तो कोई है नहीं।" सूसन ने जवाब दिया।

"ऊदा नहीं है तो वह दूसरा कालावाला ले आओ, मगर जल्दी से लेकर आओ।" इंदू ने हुक्म दिया। सूसन सफेद शाल लेकर चली गई। उसके जाने के बाद रंजीत ने पूछा, "तो फिर मेरे पिता जी ने क्या बताया?"

"जब वह बोले तुम कश्मीर चले गए हो, तो मैं हैरान रह गई। यह तो

उन्होंने बताया नहीं कि किसके साथ गए हो, इसलिए मेरे दिल में तरह-तरह के विचार आने लगे, मैंने समझा शायद तुम···।" वह चुप हो गई।

रंजीत का गुस्सा दूर होने लगा। उसके चेहरे पर मुस्कराहट आने लगी। वह उसके करीब आकर बोला, "हाँ शायद मैं क्या···? समझा तुमने कि मैं किसी दूसरी लड़की···के साथ हूँ?···भाभी···?"

इंदू आँखें झुकाए अपने नाखून से साड़ी का पल्लू नोच रही थी। रंजीत का जी चाहा वह उसे अपनी बाँहों में भर ले। रंजीत के घने बालोंवाले खुले सीने को देखकर इंदू का भी जी चाहा कि वह उसके सीने पर सिर रख दे। जी चाहा कि रंजीत खुद उसे अपने गंदे मैले हाथों से समेट ले। जी चाहा कि वह उसे उठाकर पीछे गाड़ी में पटक दे और खुद इसी वक्त ड्राइव करता हुआ उसे यहाँ से ले जाए। जी चाहा कि रंजीत उसको पीट डाले। कंबख्त कुछ करता क्यों नहीं है? बस गरदन झुकाए मर्सडीज़ की चिकनी सतह पर अपने हाथ घुमाए जा रहा है। जी चाहा कि इस समय स्वयं मर्सडीज़ होती। फिर उसे रोना आने लगा।

"मेरे खयाल में यह बुड्ढे बोमन की चाल थी।" रंजीत ने अपनी गरदन खुजाते हुए कहा, "तुमको खंडाले भेज दिया, मुझको श्रीनगर।"

"ताकि हम मिल न सकें।"

"और क्या?"

"हाँ, अब तो यही मालूम होता है।"

"बुड्ढा बड़ा चालाक है।"

इंदू ने कुछ देर सोचा, फिर बोली, "अब मैं उससे साफ-साफ बात कर लूँगी।"

"क्या कहोगी?"

"जो मेरा जी चाहेगा।" इंदू ने शोख निगाहों से उसे ताकते हुए कहा। "तुम्हें क्या उससे?"

"और अगर वह नहीं माना तो?" रंजीत ने पूछा।

इंदू इठलाते हुए बोली, "कैसे नहीं मानेगा? उसे मानना ही पड़ेगा, देखो।" इंदू ने नई गाड़ी, जिसे रंजीत इस वक्त साफ कर रहा था, की तरफ इशारा करके कहा, "मैंने ज़रा-सा कहा, और फौरन यह नई गाड़ी मेरे लिए आ गई।" "क्या उसे तुमसे···।" रंजीत ने गहरे शक की निगाह से उसे घूरा।

"छी!" इंदू चमककर बोली, "कैसी गंदी बातें सोचते हो, वह ऐसा नहीं।

वह तो मुझे बेटी की तरह चाहता है।"

"ऐसे किस्से मैंने बहुत सुने हैं।" रंजीत नें कहा, "लोग-बाग बेटी की तरह चाहते-चाहते बीवी की तरह चाहने लगते हैं।"

11

नई मर्सडीज़ घाट से उतर रही थी। पीछे सीट पर ऐलिस और इंदू बैठी थीं। ऐलस केसरी रंग का एक स्वेटर बुन रही थी। इंदू रंजीत को देखने में लगी हुई थी। रंजीत अपने सामने के दर्पण को घुमाकर बार-बार इंदू को देख लेता था, मगर इंदू सिर्फ उसकी सीधी तनी हुई गर्दन देख सकती है, या उसकी पीठ देखकर उसके मूड का अनुमान लगा सकती है। वैसे इंदू को रंजीत की यह नौकरी पसंद थी, इसमें एक ऐसी परिश्रमयुक्त मरदानगी थी, जिसके आगे झुकने में उसे आनंद आ रहा था।

रंजीत ने बोमन के प्रेम के बारे में जो बात कही थी, उस पर इंदू को दिल से कहे जाने का यकीन नहीं आया, आज उसका दिल कह रहा था कि रंजीत ने केवल ईर्ष्या से मजबूर होकर यह बात कही है। फिर भी रंजीत का वह वाक्य काँटे की तरह उसके दिमाग में चुभ गया था। रंजीत बड़ी खामोशी से अपनी सीट पर बैठा होशियारी से गाड़ी चला रहा था। बीते हुए दो माह तक कश्मीर की पहाड़ी सड़कों पर गाड़ी चलाते-चलातें उसका हाथ अति साफ हो गया और जम गया था। अब उसकी ड्राइविंग में निपुणता आ गई थी, और तसल्लीयुक्त विश्वास आ गया था। वह घाट से नीचे उतर रहे थे, नीचे हरी-भरी घाटियाँ, कहीं-कहीं हरी-भरी दूब के छोटे-छोटे टुकड़े, कहीं-कहीं ढलवानों पर पेड़ों के काफ़िले, कतार-अंदर-कतार नीचे चले जा रहे थे। बड़े-बड़े पेड़ों के साथ सनग छोटे-छोटे लचकीले पेड़ हरे आँचल की ओट से लजीली, शर्मीली और सजाई दुलहन की तरह ताकते।

साथ में नन्हें-से बच्चे-से पेड़ शरीर बच्चों की तरह ढलवानों पर फिसलते हुए। शायद पेड़ों के भी परिवार होते हैं, पुरुष, स्त्री, बच्चे, अकेला तो कोई अच्छा नहीं लगता। इंदू का दिल चाहा कि वह रंजीत के पास बैठ जाए, मगर ऐलिस देख रही है। कोई बात नहीं। इंदू ने अब पक्का इरादा कर लिया कि वह अब इस बात को साफ करके रहेगी··· वह रंजीत की है, और सदा उसकी ही होकर रहेगी। बुड्ढे को मालूम होना चाहिए, और अगर वह उसे बेटी की तरह चाहता है, तो···

एक मरहठा जोड़ा पुरुष आगे-आगे, स्त्री पीछे-पीछे, पुरुष लाठी उठाए, स्त्री बच्चा उठाए, पुरुष शक्ति, स्त्री सृष्टि। वह देर तक मुड़-मुड़कर उन्हें देखती रही। मोटर ने एक मोड़ काट लिया। वे दोनों उसकी नजर से गायब हो गए। इंदू को एक धचका-सा लगा। ऐलिस मुस्करा दी। उसकी बुनाई उलझ गई। हर इंसान के पास अपनी ऊन का एक गोला होता है, जिसकी बुनाई के उलझावों से वह अपने विशेष विचारों का ताना-बाना तैयार करता रहता है। बुड्ढा बोमन अपने हिसाब से सोचता है, इंदू अपने हिसाब से सोचती है, दोनों की बुनाई अलग-अलग है, मगर अब उसे इस बात को साफ कर लेना होगा।

"किस बात को?" बुड्ढे बोमन ने एकाएक बिगड़कर पूछा।

वह भी जानता था, और वह भी जानती थी कि निर्णय की बात करने का समय आ गया है। बंबई पहुँचकर खाना खाने के बाद वह उसके समक्ष कॉफी रूम में बैठी थी। नीचे गलीचे के गुदगुदे फर्श पर उसकी माँ भी बैठी पाँव के अँगूठे से गलीचे को कुरेदने में व्यस्त थी। कमरे में इस समय इन तीनों के अतिरिक्त और कोई मौजूद न था। बोमन ठीक उसके सामने बैठा था। रात की मद्धिम रोशनी में उसे बोमन का चेहरा अति रहस्यमय लग रहा था, रहस्यमय और किसी बहुत बड़ी शक्ति का खतरा··· उसके सामने पूरी बात कैसे कहे। देर तक चुप रही।

"हाँ-हाँ कहो।" बोमन ने किसी कदर नरम पड़ते हुए उसे बात कहने की हिम्मत बँधाई।

"मैं एक लड़के से शादी करना चाहती हूँ।"

कुछ क्षण इंदू को देखने के पश्चात् बोमन ने पूछा, "रंजीत से?"

इंदू ने 'हाँ', में सिर हिलाकर गर्दन झुका ली।

बोमन ने पूछा, "तुम एक करोड़पति की बेटी होकर बंबई की सबसे ऊँची

सोसायटी में एक राजकुमारी की तरह घूमनेवाली मेरी लड़की, मेरे ही एक मामूली ड्राइवर से शादी करोगी ?"

"यह पगली है सेठ !" किम्मीबाई दोनों हाथ जोड़कर बोली । "बिलकुल पगली है, इसकी बात सुनो ही मत तुम, यह अपना बुरा-भला समझती ही नहीं है, मैं इसकी माँ हूँ, मुझसे पूछो ।"

"तुमसे क्या पूछूँ ?" बोमन ने उसे डपटकर कहा, "तुम चुप रहो ।" फिर वह इंदू की तरफ मुड़ गया, मगर इंदू चुप थी ।

बहुत देर तक खामोशी रही, ऐसा लगा जैसे यह खामोशी एक गुब्बारे की तरह फूलती जा रही है, फूलती जा रही है, सारे कमरे में भरती जा रही है । एकाएक भयानक शोर के साथ यह गुब्बारा फट पड़ेगा । इंदू की निगाहें नीची थीं । उसे मालूम था, बुड्ढा उसे अजीब निगाहों से घूर रहा है, मगर जाने क्यों वह आँखें ऊपर उठाकर उसे देख नहीं सकती थी ।

अब बात कह दी थी तो दिल का डर निकल गया था, मगर गुस्सा इस बात का था कि बात कहनी क्यों पड़ी । यह चाहत बिलकुल उसकी अपनी थी । यूँ तो हर लड़की मोहब्बत करती है, मगर यह मोहब्बत तो बिलकुल उसकी अपनी थी, उसका अपना एक अंग था, कद था, मूड था, लिबास था, खुशबू थी—ऐसी जो बिलकुल उसकी अपनी तरह की अनोखी और सबसे अलग थी । वह क्यों इसे किसी दूसरे को बताए, या दिखाने पर मजबूर कर दी जाए । इस दुनिया में जितनी लड़कियाँ हैं उतनी ही उनकी मोहब्बतें हैं, इसलिए इस दुनिया में मोहब्बत का शब्द कभी घिसा-पिटा नहीं होता, हर नई चाहत पर इसका रंग-रूप बदल जाता है, मोहब्बत की अपनी शर्म भी होती है, एक दिन अनछुई-सी शर्म और लाज जिसे दूसरा हाथ भी क्यों लगाए, किसी को हक क्या पहुँचता है । बोमन तो बोमन, वह खुद रंजीत को इसकी पूरी झाँकी दिखाने के लिए तैयार न थी । मोहब्बत तो खुद एक प्रेमिका है, जिसका घूँघट में लिपटा मुखड़ा कभी-कभी यों दिखाई दे जाता है जैसे गहरे-गहरे बादलों में सूर्य की रंगीन किरणें । मगर अब इस समय वह नाजुक छुई-मुई-सी वस्तु पर बोमन से बहस करने पर मजबूर कर दी गई है, इसका उसे गुस्सा था । उसे मालूम था कि बोमन उसे अजीब निगाहों से घूर रहा है, मगर जाने क्यों वह नजर उठाकर उसकी ओर देख नहीं सकती, हाँ, उसे इतना मालूम है कि गुस्से से उसका चेहरा लाल हुआ जा रहा है ।

''क्या तुम उसे भूल नहीं सकतीं ?'' वातावरण के अनुसार बोमन का लहजा सख्त नहीं हुआ, गुस्सा भी उसकी आवाज में शामिल नहीं था, बल्कि उसकी आवाज में एक प्रार्थना, एक गिड़गिड़ाहट समाई जो गोया हाथ जोड़े अंदर से कह रही थी, ''उसे भुला दो न, उसे भुला दो न।''

''नहीं, मैं उसे भूल नहीं सकती।'' इंदू ने निगाहें ऊपर उठाए बगैर कहा।

''क्या तुम उसे छोड़ नहीं सकतीं ?''

''नहीं।'' एकाएक इंदू ने सिर उठाकर कहा, ''आपकी कोशिश बेकार है, सर बोमन ! मुझे उससे अलग कर देना, उसका टेलीफोन मुझ तक न पहुँचने देना, मुझे खंडाले और उसे श्रीनगर भेज देना, ताकि हम दोनों एक-दूसरे से अलग हो जाएँ, यह कोशिश व्यर्थ है। मैं उसे नहीं छोड़ सकती, नहीं छोड़ सकती।'' एकाएक उसकी माँ गलीचे से उठ खड़ी हुई। वह गुस्से से भरी हुई अपनी बेटी के पास गई और उसे जोर से झिझोड़कर बोली, ''दिवानी हुई है, इस सेठ ने तुझको अपनी बेटी बनाया, यह करोड़ों की जायदाद तुझे देनेवाला है, और तू उसे छोड़कर उस कंगले का हाथ पकड़ने को कह रही है जो तुझे एक वक्त की रोटी भी नहीं दे सकता, होश में आ इंदू।''

इंदू ने अपनी माँ के हाथ झटक दिए, और अलग होकर खड़ी हो गई। बहुत देर—बहुत देर तक कमरे में खामोशी रही, झिलमिलाती रोशनियों के हलके अँधेरे में आहों का धुआँ शामिल हो गया था। किम्मीबाई ने मुड़कर सेठ बोमन से कहा, ''तुम इसकी बात मत सुनो सेठ, इसके अकल नहीं है सेठ, छोकरी है, दुनिया नहीं देखी है।''

सेठ बोमन फिर लड़की के सामने जाकर खड़ा हो गया, ऐशट्रे में सिगार की राख झाड़ते हुए बोला, ''मैं तुमसे पूछता हूँ, अगर तुम्हें यह घर छोड़ देना पड़े, यह सुख-आराम, यह जायदाद सबकुछ अपने हाथ से वापस देकर फिर उसी खोली, उसी गंदे झोंपड़े में जाना पड़े तो ?''

''जब भी नहीं छोड़ूँगी, किसी हालत में रंजीत को नहीं छोड़ूँगी।'' इंदू ने निर्णय-भरे लहजे में जवाब दिया, और अब जबकि उसने निर्णय कर लिया था, उसने सिर उठाकर गर्व से बोमन की तरफ देखा। अब उसे ऐसा लगा, जैसे कमरे में धुँधले-धुँधले हल्के काले-काले साये दूर हो गए, वातावरण में खुशियों की शहनाई-सी बजने लगी। इंदू को लगा जैसे वह ढलवानों से उतरती हुई वृक्षों की कतार के साथ खुद नाचती हुई चली जा रही है।

"यह तुम्हारा आखिरी फैसला है ?" सर बोमन ने बदले हुए सख्त लहजे मे पूछा, उसकी आवाज में फौलाद की धार थी ।

"हाँ, आखिरी फैसला है ।" इंदू गरजकर बोली, "यह सेठ क्या समझता है ?" इंदू ने अपने दिल में सोचा, 'क्या इसने मुझे खरीद लिया है ?"

"नहीं, नहीं सेठ, यह बच्ची है, नासमझ है ।" किम्मीबाई घबराकर बोली, "इसकी बात मत सुनो सेठ जी !"

सर बोमन ने घंटी बजाई, सूसन कमरे में आई ।

"रंजीत ड्राइवर है ?" सर बोमन ने उससे पूछा ।

"है ।"

"उससे कहो, फौरन गाड़ी बाहर ले आए, ये लोग अभी वापस अपनी खोली में जाएँगे ।" सूसन ने निगाह उठाकर इंदू को देखा । इंदू ने निगाह नहीं मिलाई ।

"वापस ।" सूसन अचरज में डूबी हुई बोली ।

"हाँ-हाँ, वापस, वापस ।" सर बोमन ने सख्ती से कहा, "इनका सामान बाँध दिया जाए, और इन्हें इनके पुराने कपड़ों और सामान के साथ रुखसत कर दिया जाए, अभी, इसी वक्त ।" बुड्ढा बोमन इतना कहकर कमरे से निकल गया । सूसन मुँह खोले हुए इंदू को ताकती रह गई ।

12

रात को उसे खोली में आना बुरा भी नहीं लगा था । रात के सन्नाटे में सेठ बोमन की आरामदेह गाड़ी में नींद में झूलते हुए अपने प्रेम के फैसले के आनंद में सराबोर इंदू को ऐसा लगा था, जैसे वह किसी रेशमी हिंडोले में बैठी हुई वापस अपने घर को जा रही हो । आनंद-भरी नींद उसके शरीर की रग-रग में समाई जा रही थी । जिस समय वह झोंपड़ी में पहुँची तो लोग रात के सन्नाटे में पहली नींद का आनंद ले रहे थे । इसलिए उनके आने की किसी को खबर न हुई ।

खोली में आते ही इंदू खटिया पर पड़कर सो गई। कुछ देर तक उसे अपनी माँ की दबी-दबी सिसकियों की आवाज आती रही, जैसे दूर कहीं धोबी कपड़े धो रहा हो। फिर वह आवाज मच्छरों की भिनभिनाहट में खो गई, फिर तीसरे पहर की ठंडी हवा उसकी उलझी लटों में सरसराने लगी और वह बेसुध मदमाती खटिया पर पड़ी-पड़ी सोती रही। तीसरे पहरा कहीं किम्मीबाई की भी आँख लग गई, इसलिए जब सुबह उन झोंपड़ों में जगार हुई, और कौवों, चिड़ियों और मुर्गों के साथ-साथ झोंपड़ेवाले भी जाग उठे, और रानीबाला ने अपने बिफरे हुए—अलसाए शरीर को अँगड़ाई लेकर जगह-जगह से तोड़ा, और फिर हाथ में पीतल की गगरिया लेकर नल पर चली, तो रास्ते में किम्मीबाई का घर खुला देखकर ठिठककर रह गई। फिर दरवाजे का पट खुला देखकर दबेपाँव अंदर चली गई और इंदू और किम्मीबाई को खोली में सोते देखकर हैरत में डूब गई। फिर कुछ क्षणों के लिए अचंभे और खामोशी के बाद चुपके से लौट गई। लौट आने के बाद उसने जो कुछ देखा था, वह अपनी माँ से कह दिया। माँ भी दबेपाँव खोली में अंदर जाकर लौट आई। फिर तो बारी-बारी अड़ोस-पड़ोस की बहुत-सी बड़ी-बूढ़ियों, औरतों, लड़कियों-लड़कों-बच्चों ने दोनों माँ-बेटियों को सोते देख लिया। चंद मिनटों में सारी झोंपड़पट्टी में खुसर-पुसर और चर्चा होने लगी।

मगर दोनों माँ-बेटियाँ इस चर्चा से बेखबर सो रही थीं। जब छप्पर के एक फटे कोने से धूप का एक आड़ा-तिरछा कोना फैलकर इंदू के मुख पर आगा, तो वह करवट लेकर अधजगी नींद की मस्ती में बोली, "अरे सूसन, ज़रा बेड-टी तो देना।"

खिस्-से बहुत-सी बच्चियों और लड़कों की दबी-दबी हँसी की आवाज छप्पर में गूँज गई, और उस आवाज के साथ इंदू चौंककर अपनी साड़ी का पल्लू सँभालकर उठकर खटिया पर बैठ गई, और अपने चारों ओर आश्चर्य से देखने लगी। यह कौन-सी जगह है, मलगिजे अँधेरे में यह मटियाले-से चेहरे किन लोगों के हैं? यह छत टेढ़ी क्यों है, छत पर फानूश की जगह मकड़ी के जाले क्यों लटक रहे हैं? और उसके नथुनों में एक साथ, एक दर्जन दुर्गंधें कहाँ से घुस पड़ी हैं। इंदू ने आँखें मल-मलकर देखा, तो उसका दिमाग भी जागने लगा, और उसे कल-परसों और उससे पहले के बीते हुए दिनों और कुछ महीनों की बातें याद आने लगीं।

रानीबाला आगे बढ़कर बोली, "सरकार को बेड -टी चाहिए ?"

चिमनीबाई अपने टूटे हुए दाँतों से हँसकर बोली, "और नाश्ता किस समय करेंगी आप ?"

भीकाबाई ने कहा, "नाश्ते में क्या लेंगी, अंडा, झीगा, टोस, मक्खन, कॉफी, मुरब्बा... ?"

तांबे अपनी खुजलीवाली टाँग को खुजाते हुए बोला, "क्या हुआ, सेठ ने निकाल दिया ?"

"और क्या ?" भीकाबाई नाक पर उँगली रखकर एक आँख मीचकर बोली।

"पहले मज़ा कर लिया, फिर चूसकर आम के फूक की तरह बाहर कूड़े पर फेंक दिया।"

सब औरत-मर्द जोर-जोर से हँसने लगे। उनकी हँसी में एक अजीब तरह की दुश्मनी पाई जाती थी। हालाँकि वह वापस आ गई थी, मगर वे लोग वह दिन नहीं भूले थे जब वे दोनों यहाँ से चली गई थीं। वे दिन, खुशियों-आराम के इन लोगों को भी याद थे, हालाँकि वे दिन और उनकी खुशियाँ और आराम इन्होंने नहीं भोगी थीं। शायद इसी का गुस्सा था, इन लोगों के दिलों में। इस हँसी में उसी तरह की दुश्मनी थी, जो इंदू ने उस रोज भी महसूस की थी, जिस दिन वह रंजीत को ढूँढ़ने के लिए झोंपड़-पट्टी के करीब से गुजरी थी। उस दिन चिमनीबाई, भीकाबाई, तांबे, कोरया और इन सब लोगों की निगाहों में चापलूसी थी, घिघियाहट थी, लेकिन अपने मतलब की बात करते और तरस खाने के लिए गिड़गिड़ाते हुए भी इनकी आँखों में अपनापन नहीं था, बल्कि ईर्ष्या-भरी दुश्मनी थी, जो इस समय मौका पाते ही बदले की भावनाओं में बदल चुकी थी। हर समाजी इंसान की अपनी एक मनोवृत्ति होती है। मानो एक स्तर की गरीबी अपने से नीचे स्तर को तो सहन कर ले, पर अपने से ऊँचे स्तर को सहन नहीं कर सकती।

'मुझे माफ कर देने में अभी इन लोगों को बहुत समय लगेगा।' इंदू ने दिल में सोचा। उसे भीकाबाई की बेहूदगी पर गुस्सा तो बहुत आया, मगर क्या करती, जहर का घूँट पीकर रह गई। किम्मीबाई भी अब जाग गई थी, मगर यों वापस आने पर कुछ इस कदर लजा गई थी कि इन लोगों के सामने आँख उठाने की हिम्मत अपने में नहीं पा रही थी, इसलिए वह उठकर किसी से बात करने की

बजाए खटिया पर मुँह मोड़कर बैठ गई, जैसे अपनी बेटी से कह रही हो, तुम्हीं ने यह सब किया है, अब तुम ही भुगतो।

रानीबाला ने आगे बढ़कर मटकते हुए कहा, "सरकार, स्नान के लिए पानी तैयार है ।"

"अरी मुरदार," भीकाबाई अभिनय करती हुई बोली, "नया ड्रेस भी तो निकाल दिया होता।"

"आज कौन-सा ड्रेस पहनेंगी सरकार ?" रानीबाला ने फिर आगे बढ़कर पूछा ऐसे तीखे अंदाज और बदले हुए लहज़े में कि इंदू के गाल गुस्से से तमतमा गए और उसने उठकर तड़-से एक चाँटा रानीबाला के गाल पर इतने जोर से जड़ा कि रानीबाला की आँखों के सामने अँधेरा-सा छा गया। वह सँभली और इंदू से लिपट गई। दोनों में गुत्थमगुत्था युद्ध होने लगा। फिर सबके सामने खोली के फर्श पर दोनों नौजवान लड़कियाँ एक-दूसरे को उलटती-पलटती, नोचती-खसोंटती, बाल खींचती ऊपर-तले होने लगीं। बड़ी मुश्किल से बड़ी-बूढ़ियों ने मिलकर जोर लगाकर दोनों को एक-दूसरे से अलग किया, मगर अब भी वे दोनों हाँफती-काँपती गुस्से में भरी हुई एक-दूसरे के सामने खड़ी घूरती हुई भूतनियाँ-सी लग रही थीं।

एक अच्छी बात हुई थी जरूर, फर्श पर महीनों की जमी हुई गर्द साफ हो गई थी, और अब वह सब इन दोनों के कपड़ों और चेहरों पर आ लगी थी।

किम्मीबाई ने जो अपनी बेटी की सूरत देखी तो एकदम तड़पकर उठी और इंदू को चोटी से पकड़कर घसीटकर नल पर नहलाने के लिए ले गई। मगर वहाँ पहुँचकर उसे ध्यान आया कि झोंपड़पट्टी का नल तो सुबह आठ बजे ही बंद हो जाता है, अब दिन-भर बंद रहेगा। और अब इंदू दिन-भर इसी तरह गंदी साड़ी में, गर्द में लिथड़ी भुतनी बनी बैठी रहेगी।

कोरचा ने वायु में झूठमूठ का नल घुमाते हुए कहा, "यह सेठ बोमन का बाथरूम नहीं है, ज़रा-सा घुमाया तो ऊपर फव्वारे से सड़ाँ सड़ाँ सड़ाँ पानी चालू हो गया, बरसात की तरह। यह झोंपड़ पट्टी का नल है, मिस साहब ! भूल गई इतनी जल्दी ? रात को नौ बजे आएगा।"

रमाबाई बोली, "हाँ, ज़रा मुँह धोने को पानी चाहिए तो..." कहकर रमाबाई ने अपना लहँगा ज़रा-सा ऊपर उठाया। "तो" कहकर रमाबाई जो अश्लील संकेत करनेवाली थी, उसे पहले से ही समझकर किम्मीबाई हाथ

उठाकर जो उसकी तरफ बढ़ी तो दुबली-पतली रमाबाई भागकर अपनी झोंपड़ी में घुस गई।

इंदू दुख और क्रोध से रोने लगी, कैसे बदतमीज हैं ये लोग?

मगर यह वही लोग थे जिनके बीच वह पली और बड़ी हुई थी, यही उनकी सभ्यता थी, यही बातें थीं, और यही उनके अश्लील और घिनौने मजाक थे, जिन्हें इंदू बचपन से सुनती चली आई थी। उस समय उसे ये लोग, या इनके ये मजाक या इनकी बातों में कोई अनोखापन दिखाई न देता था। कोई घिनौनापन नजर न आता था। उन दिनों उसे ऐसे मजाक पर हँसी भी आ जाती थी। जाने अब उसे क्या हो गया है? इंदू को रोती-धोती छोड़कर किम्मीबाई, सेठ उत्तम चंदानी के बँगले पर पहुँची जो झोंपड़ों से कुछ ही कदमों की दूरी पर था। इस बँगले के बगीचे में दो नल थे जिनमें चौबीसों घंटे पानी आता था।

सेठ उत्तम चंदानी नेक स्वभाव का आदमी था। वह अधिकतर सूखे के समय या मुसीबत के जमाने में, या खास-खास परेशानियों के अवसर पर झोंपड़वालों की औरतों को अपने बगीचे के नल से पानी ले जाने या कभी-कभी नहाने की आज्ञा दे देता था, और फिर अपनी दूसरी मंजिल की बालकनी में छिपकर, नीचे बगीचे में नहानेवाली औरतों को देखा करता था। वैसे नहानेवाली नंगी औरतें नहाते समय एक-दूसरे की आड़ में नहाती थीं, फिर भी कुछ तो पल्ले पड़ ही जाता था। सेठ चंदानी बच्चों की तरह खुश होता था, झोंपड़ेवाले उसे बेहद शरीफ और नेक समझते थे। मगर उसकी शराफत की असली वजह किसी को मालूम नहीं थी। इस दुनिया में कितनी ही ऐसी नेकियाँ हैं जिनके पीछे भयंकर वासनाएँ छिपी रहती हैं, और कितनी ऐसी बुराइयाँ हैं जो अंदर से बच्चों की भाँति भोली होती हैं।

सेठ उत्तम चंदानी के बँगले से लौटकर किम्मीबाई इंदू को खोली से उठाकर बँगले के बगीचे में ले गई। ज़रा दूर पर माली क्यारियों में खुरपी चला रहा था। इंदू को लगा जैसे वह भी कनखियों से कभी-कभी उसे देख लेता है।

सिर पर पास के जामुन के पेड़ पर कौवे उसे देख रहे थे, नल के नीचे कोलतार का एक गंदा ड्रम रखा था, जिसकी तली में काली कीचड़ पर केंचुए कुलबुला रहे थे। इंदू के पाँव में कीचड़ थी, और कहीं-कहीं पर घास, और एक कोने में खाद की सड़ाँध से दिमाग फटा जा रहा था। बचपन से अब तक सैकड़ों बार वह इस नल पर नहा चुकी थी, फिर भी आज उसे यहाँ खुले में नहाना

अजीब-सा लग रहा था। ऐसी दुर्गंध ? जाने उसकी नाक को क्या हो गया है ? जल्दी-जल्दी नहाते हुए उसने ऊपर देखा, तो उसे ऐसा लगा, जैसे कोने की बालकनी के परदों के पीछे से कोई उसे देख रहा है। उसने घबराकर नजरें नीची कर लीं, और अपने-आपमें और भी सिमट गई। नहाने के बाद उसने फिर वही बदबूदार कपड़े पहन लिए, मगर क्या करती। रानीबाला ने उसकी साड़ी का हुलिया ही बिगाड़ दिया था। वह साड़ी पहनकर इंदू को ऐसा लगा, जैसे नहा-धोकर वह फिर गर्द-मिट्टी में लोट गई हो। साड़ी पहनकर उसका जी बुरी तरह से मिचलाने लगा। दोपहर को वह और उसकी माँ दोनों भूखी रहीं, घर में कुछ था ही नहीं। इंदू को भूख भी न लगी थी। सिर भारी-भारी हो रहा था। आँखें जलने लगी थीं। दोनों माँ-बेटियों ने एक-दूसरे से बात नहीं की, दोनों करवट बदलकर अपनी-अपनी खटिया पर पड़कर लेट गईं।

मक्खियाँ भनभनाए जा रही थीं, मच्छर काटे लेते थे, फर्श पर काकरोच चल रहे थे। सीले फर्श के एक किनारे दीवार की घिसी-पिटी चटाई को काटकर एक छोटे-से सूराख से एक छछूँदर अपनी थूथनी निकालकर अंदर तक रही थी। छछूँदर को इतने दिनों बाद इस खोली में से अजनबी-सी बास आ रही थी, और इंदू अपनी जगह पड़े-पड़े सोच रही थी, अब तक उसे छछूँदर की दुर्गंध का अंदाजा क्यों नहीं हुआ था।

तीसरे पहर के करीब इंदू को बड़े जोर से भूख लगी, बेहाल करनेवाली भूख लगी। वह उठकर खटिया पर बैठ गई और घबराई हुई दृष्टि से खोली में चारों ओर देखने लगी। कलाई की ओर देखकर उसने घड़ी से समय को जानना चाहा, मगर कलाई पर घड़ी कहाँ थी।

किम्मीबाई भी उठ बैठी, अपनी बेटी का चेहरा देखकर उसने अनुमान लगा लिया और जल्दी से बाहर निकल गई। नुक्कड़ के ईरानी से उधार पर रात की बासी दाल एक कटोरे में और कुछ फफूँदी लगे लिजलिजे-से सिलेस लेकर आई, और अपनी बेटी के सामने रखकर खाने लगी।

इंदू ने एक कौर लिया। उसकी आँखों से आँसू निकल आए। जिंदगी-भर उसने यही सब तो खाया था, आज उसे क्या हो गया है ? निवाला गले से नीचे नहीं उतर रहा था। पानी का एक बड़ा घूँट पीकर उसने निवाले को नीचे उतारा, फिर सिलेस के दूसरे टुकड़े को झाड़कर दाल में डुबोकर खाने लगी, तो जल्दी से मुँह मोड़कर उसने वहीं खटिया के नीचे कै कर दी।

किम्मीबाई मुस्कराने लगी। बड़े इत्मीनान से किम्मीबाई ने अपना खाना खत्म किया, फिर कटोरा साफ करके ढंग से एक तरफ बरतनों में लगाकर बोला, "रंजीत से किस समय मिलने का वादा है, दोपहर को आया था न ?"

"शाम को सात बजे मिलने को कहा है।"

"कहाँ पर ?"

"मैरिन ड्राइव पर।"

"वह तुम्हें लेने के लिए आएगा ?"

"नहीं, मैंने कह दिया था, मैं खुद पहुँच जाऊँगी।"

"तुम जाओगी ?"

इंदू ने कोई उत्तर नहीं दिया।

"जाओगी ?" किम्मीबाई ने कड़ककर पूछा। इंदू ने फिर कोई जवाब नहीं दिया। खटिया की पट्टी से लगी-लगी रोने लगी। उसकी आँखों में अजीब-सी घबराहट-सी थी, जैसे किसी भयानक भूतखाने में आ गई हो, बार-बार घबरा-घबराकर चारों ओर देखती थी, और फिर सिर झुकाकर रोती थी।

इंदू को रोता छोड़कर किम्मीबाई चुपचाप वहाँ से खिसक गई। ईरानी के होटल में पहूँचकर उसने साड़ी के पल्लू से कागज का एक टुकड़ा निकाला और काउंटर पर खड़े ईरानी को देकर बोली, "मेहरबान जी. इस नंबर पर टेलीफोन कर देव।"

ईरानी ने कुछ मिनट के काम से निपटकर नंबर मिला दिया, और टेलीफोन के चोगे को एक कोने में करके, किम्मीबाई के हाथ में दे दिया। किम्मीबाई ने कुछ कहा, जिसके उत्तर में उधर से किसी ने उसे ठहर जाने के लिए कहा। कुछ देर तक किम्मीबाई चुप खड़ी रही, उसका दिल जोर-जोर से धक-धक रहा था। आखिर उधर से उसने वही जानी-पहचानी आवाज सुनी और उसने घबराकर कहा, "सेठ!"

"हाँ।"

"मैं किम्मीबाई बोलती हूँ।"

"सेठ तुमने तो तीन दिन दिए थे, पर वह तो एक दिन में ही फिलाट हो गई।"

"ऐसा" कहकर उधर से कोई जोर-जोर से हँसने लगा, फिर रुककर बोला, "तो अब क्या बोलती है ?"

"कुछ नहीं बोलती, बस रोए जाती है।"

उधर से फिर हँसी की आवाज आई। हँसी रोककर उधर से सेठ बोमन ने कहा, "अच्छा तो मैं अभी गाड़ी भेजता हूँ, उसे वापस ले आओ।"

इंदू अलादीन के महल में वापस आ गई। सर बोमन को पूरा विश्वास था कि वह वापस आ जाएगी, एक तरह से वह खुद भी चाहता था कि इंदू एक बार जाने का अनुभव कर ले। उसने करसटजी से कहा, "मुझे मालूम था वह वहाँ नहीं रह सकेंगी, कुछ महीनों में उसे मैंने यहाँ जिस सुख-चैन में रहने की आदत डाल दी है, उसके बाद, उसके बाद तो...।" वह करसटजी की ओर देखकर मुस्कराया।

"जी हाँ, उसके बाद तो यही होता जो हुआ।" करसटजी ने वाक्य पूरा किया, सोचने लगा कि अलादीन का किस्सा आज भी उसी दिलचस्पी से पढ़ा जाता है, क्योंकि वह कहानी आज भी जिंदा है, अलादीन के महल आज भी मौजूद हैं, अलादीन का जिस्म आज भी कफ परेड या वार्डन मूड़िया, मलाबार हिल के किसी सेठ के अधीन है। जिनके एक संकेत पर महालक्ष्मी की झोंपड़ पट्टी से एक दर्जी की बेटी आज भी उठाकर शाही महलों की भाँति सजे-सजाए मकानों में लाई जा सकती है। और उन दोनों जिंदगियों में, यानी महालक्ष्मी की खोली में और नेपंयसी रोड के आठ बेडरूमवाले फ्लैट में उतना ही अंतर है, जितना अलादीन दर्जी के बेटे की खोली में और बादशाह के महल में और चीनी राजकुमारी के महल में आज से दो हजार वर्ष पहले था। कुछ बदला नहीं है। बस ऊपर की टीम-टाम बदली है। आज चिराग घिसने की जगह बटन दबाया जाता है, और दर्जनों नौकर आधुनिक जिन्नों की सूरत में हाथ बाँधे आज्ञा पालन के लिए उपस्थित हो जाते हैं।

महल में वापस आ जाने के बाद इंदू की भेंट बुड्ढे बोमन से अब तक नहीं हुई थी। चालाक बुड्ढा फौरन इंदू का सामना नहीं करना चाहता था। वह उसे समय देना चाहता था कि वह फिर से नवीन वातावरण में रच-बस जाए। वह उसे शर्मिंदा करना नहीं चाहता था, इंदू भी फौरन ही उससे मिलना नहीं चाहती थी, अच्छा ही हुआ जो दिन-भर इंदू के सामने वह नहीं आया। हाँ, रात के खाने के बाद उसने कहलवा दिया था कि वह कॉफ़ी पीने इंदू के कमरे में आएगा।

गुलाबी लेसवाली नायलान की नायटी पहने इंदू अधलेटी अपने बिस्तर पर पड़ी हुई उस खोली का अनुमान लगा रही थी, जहाँ एक दिन के लिए उसे जाना

पड़ा था, जहाँ का ख्याल करते ही उसके शरीर में झुरझुरी-सी आ जाती थी। आँखें मूँदकर उसने उस घिनौनी खोली के खयाल को अपने दिमाग से निकाल दिया, फिर आँखें खोलकर उसने अपने आसपास के वातावरण को देखा, और जैसे उसे अपनी आँखों में भरकर सीधे-सीधे साफ-सुथरे बिस्तर पर लेट गई। तह-दर-तह नरम रेशमी और मखमली गद्दों के नीचे फौलादी स्प्रिंग उसके शरीर के ज़रा-से हिलने से हिलते थे और उसे झूले या हिंडोले जैसा आनंद देते थे। यों चुपके लेटे रहने में कितना आनंद है, मध्यम-मध्यम नीली रोशनियाँ, ओलकाट के फूलदार वाल-पेपर पर रेशमी जाल बुन रही है। जबान पर ताजा भुनी हुई कॉफ़ी का आनंद है, रेशमी नायटी की हर सिलवट साफ सफेद शरीर के हर खम को छूकर चुंबन-सा आनंद देती है, कितना आरामदेह चैन है इस एअरकंडीशंड कमरे में। इंदू ने अपने बदन को ढीला छोड़ दिया। धीमी-धीमी संगीत की धुन स्टीरियूफोनिक रिकार्डो ग्राम से फुआर की भाँति उसके सारे शरीर पर बरस रही है, हल्के-हल्के सुरों की बूँदनियाँ उसके बदन को सहलाते हुए एक सबकुछ भूल जानेवाली मस्ती पैदा कर रही हैं। इंदू के पपोटे बोझल हो चले हैं, उसे अपना सारा शरीर संगीत के मझधार में तैरता, घूमता मालूम होता है।

"अपनी आँखें मत खोलो।" किसी ने उसके बिलकुल पास आकर कहा। यह सर बोमन की आवाज थी, मीठी तथा धीमी-सी सरसराती हुई, उसे मानो थपक-थपककर सुलाती हुई। वह उसके बालों में उँगलियाँ फेर रहा था और धीरे-धीरे कह रहा, "बहुत वर्ष बीते, बहुत साल गुजरे, जब मैं बियासी वर्ष का नहीं था जब तुम्हारी तरह उन्नीस वर्ष का भी नहीं था, जब मैं सिर्फ पाँच साल का एक छोटा-सा लड़का था, जब बंबई में बड़ी जोर की प्लेग फैली थी, जिसमें मेरे सिवा मेरे पूरे खानदान का सफाया हो गया था। उन दिनों मेरी आया, जिसने मुझे पाला था, मुझे अपने साथ लेकर बंबई से बाहर भागकर अपने गाँव चली गई थी, और फिर कई महीनों बाद प्लेग खत्म होने के बाद मुझे बंबई वापस लाई थी, मगर अब मैं बिलकुल यतीम था, बेसहारा, गरीब। मैं अपनी आया के साथ उसकी खोली में रहता था, वह बेचारी दिन-भर नौकरी करती थी, और मुझे खिलाती थी, जिस पारसी सेठ के यहाँ अब वह काम करती थी, उसी सेठ ने मेरी आया से मेरी दर्दभरी कहानी सुनकर, मुझे गोद लेने का फैसला कर लिया। और आज जो तुम मुझे इतना धनवान देखती हो इसमें सबसे बड़ा हाथ मेरे उस

उपकारक का है, जिसने एक यतीम बच्चे को सड़क से उठाकर लखपती बना दिया, और जो चांस उस सेठ ने मुझे दिया, वही चांस मैंने भी एक बोतल में बंद करके समंदर के हवाले कर दिया ! मगर मेरा जी चाहता था कि यह बोतल किसी अमीर आदमी को न मिले, किसी मर्द को भी न मिले, मिले तो किसी ऐसी लड़की को मिले जिसे मैं अपनी स्वर्गीय बेटी की जगह दे सकूँ। जो मेरी उस बेटी की तरह नेक और सुपुत्री हो, एक ऐसी लड़की जिसने अपनी जिंदगी शून से शुरू की हो, और जो इस बात की कीमत और जिम्मेदारी समझ सके कि वह किसकी वारिस होने जा रही है, कोई ऐसी लड़की जो मुझे मेरी स्वर्गीय बच्ची की खुशी दे सके, जिसको मैं गर्व से अपनी बेटी कह सकूँ। मालूम नहीं इंदू तुम क्या समझ रही हो, मैं क्या कह रहा हूँ !'' इंदू के माथे पर एकाएक आँसू की एक बूँद गिरी।

इंदू ने आँखें खोल दीं। बोमन की डबडबाई आँखों को देखकर उसका दिल पिघलने लगा। उसने बिस्तर से उठकर अपने दोनों हाथ उसकी गर्दन में डाल दिए और अपना मुँह उसके सीने में छिपाकर बोली, ''वह तुम्हें क्या कहती थी ?''

''पापा।''

''तो मैं भी आज से तुम्हें पापा कहूँगी।'' इंदू सिसक-सिसककर बोली, ''पिता का दुलार तो मुझे भी नहीं मिला... मगर आज... तुम्हारे सीने से लगकर मालूम होता है... पापा, पापा... सचमुच तुम मेरे पापा हो।''

बोमन ने जोर से इंदू को अपने गले से लगा लिया।

रात को थका-हारा तीन घंटे इंतजार करने के बाद जब रंजीत इंदू की खोली के बाहर पहुँचा, तो खोली को खाली देखकर धक् से रह गया।

''चिड़िया उड़ गई।'' बुड्ढी भीकाबाई अपने बैठे हुए गले से व्यंग्य के लहजे में बोली।

''किधर गई ?''

''जिधर से आई थी, उधर ही गई।''

चिमनीबाई बोली, ''वहीं, सोने के पिंजरे में।'' झोंपड़पट्टी से बाहर निकला तो उसे रानीबाला बिछुए बजाती हुई मिल गई। बिलकुल उसके पास आकर बोली, ''उसका ध्यान छोड़ दो बाबू, दुनिया में और भी लड़कियाँ हैं।''

रानीबाला उसके इतने पास आ गई थी, और यों तिरछी खड़ी थी कि उसके उभरे हुए सीने की नोक उसकी छाती में गड़ गई थी। वह ज़रा पीछे हटा तो वह फिर आगे आ गई, और अपनी गरम-गरम साँसें उसके चेहरे पर छोड़ती हुई बोली, "रंजू !"

उसकी साँस, जैसे धीरे-धीरे उसके चेहरे से लिपटकर प्यार कर रही थी। साँस की भी उँगलियाँ होती हैं, यह उसे अभी मालूम हुआ। "रंजू, तुम मुझसे भाग नहीं सकते, मुझे मालूम है, इंदू से प्यार करते हुए भी जब कभी तुम्हारी निगाह मुझ पर पड़ जाती थी, तो बस वहीं-की-वहीं ठहर जाती थी। मैं अपने बदन का जहर पहचानती हूँ रंजू...एक बार पास आ गए तो फिर सात दिन तक होश में नहीं आ सकोगे।"

रंजीत ने घूम जाने की कोशिश की तो रानी ने उसका हाथ पकड़ लिया।

फिर जैसे बिजली के करेंट ने उसे छू लिया हो, "हाँ मैं ऐसी ही हूँ।" रानीबाला उसकी बेबसी समझकर हँसी। "पर मैं आवारा नहीं हूँ, लगती हूँ, पर हूँ नहीं...गोरी का जोबन चखने में गया, पर मेरी माँ ने मुझे बचपन ही से समझदार कर दिया था, इसलिए मैंने...सबकुछ समेट के सँभाल के रखा है। किसी एक के लिए...तुम नहीं मानोगे रंजू।" रानी ने होंठ के एक कोने को दाँतों से दबाकर हल्की-सी सिसकी ली, "विश्वास नहीं करोगे न ? मगर विश्वास न करते हुए भी मेरे ही पास आओगे।"

रंजीत कुछ नहीं बोला। रानी ने उसका हाथ छोड़ दिया, एकदम घूमकर अपने घर की ओर चलने लगी। रंजीत वहीं-का-वहीं खड़ा रह गया। चलते-चलते रानी रुककर पलटी, तिरछी निगाहों से उसने गरदन टेढ़ी करके उसकी तरफ देखा, जोर से हँस दी, फिर हिरनी की तरह कुलाँच भरकर झोंपड़पट्टी के अँधेरे गलियारे में गायब हो गई।

मगर चेहरे पर उसकी गरम साँस की गरमाहट अभी तक बाकी थी और वह धीरे-धीरे उससे कुछ कह रही थी।

बोमन ने इंदू से कहा, "कल मैं तुम्हारे नाम से बैंक एकाउंट खोल दूँगा, हर महीने तुम्हें दस हजार रुपए जेबखर्च मिला करेगा।"

"ओ पापा !" इंदू खुशी से चिल्लाई। उसने बुड्ढे बोमन का कान चूम

लिया ।

"और अगले चार महीने हम बहुत-से हिल स्टेशनों पर बिताएँगे । पहले कश्मीर चलेंगे, वापसी पर मसूरी, वहाँ से शिमला, वहाँ से नैनीताल, तुम्हें शिक्षा देनेवाले मास्टर तुम्हारे साथ चलेंगे । चार महीने के बाद वापस बंबई पहुँचकर मैं तुम्हारे सम्मान में एक शानदार पार्टी दूँगा, जिसमें मैं तुम्हारा परिचय अपनी बेटी की हैसियत से कराऊँगा ।"

अब इंदू ने बोमन के दाएँ गाल को चूम लिया क्योंकि उसने फिल्मों में देखा था कि ऐसे अवसरों पर ऐसा ही किया जाता है । इसका यह मतलब नहीं है कि इंदू के दिल में सर बोमन के लिए धन्यवाद की भावना नहीं थी, वह तो मौजूद थी, मगर उसके दिखाने के ढंग तो बाहर की दुनिया से सीखे जाते हैं न ? इंदू अब निचले समाज के ढंग छोड़कर ऊपर के समाज के ढंग अपना रही थी । जिंदा रहने का यह उसूल बहुत पुराना है कि इनसान जिस वातावरण में रहे वहीं के ढंग अपनाए । मान लो कि सर बोमन ने इंदू को बिलकुल ही, और आखिरी हार के बाद सचमुच अपने घर से निकालकर वापस न बुलाने का फैसला कर लिया होता, तो उस सूरत में, आज़ नहीं तो कल, कल नहीं तो दस दिन बाद इंदू को फिर से अपने पुराने समाज और उसी झोंपड़पट्टी के रहन-सहन और ढंगों को अपनाना पड़ता, क्योंकि इंसान केवल चंद और गिने हुए पशुतायुक्त ढंग ही लेकर पैदा होता है, बाकी सबकुछ बाहरी दुनिया, वातावरण और सोसाइटी से मित्रता या पशुता करने के लिए सीखता है ।

बोमन खुश था कि इंदू ने निचले समाज की केंचुली उतार फेंकी थी, और नए वातावरण में हिल-मिल जाने के ढंग सीख रही थी ।

"तुम्हारे स्वभाव में एक सख्ती और पथरीलापन है, जो मुझे बहुत पसंद है, मुझे क्या सभी औरतों को मरदों की यही आदत सबसे ज्यादा पसंद आती है । इंदू को भी यही पसंद आई होगी, लेकिन उसने कभी तुमसे इसका ज़िक्र किया ?"

"नहीं ।" रंजीत के मुँह से एक हल्की-सी आह निकली, उसने तत्काल ही उसे दबा दिया, कहीं रानीबाला उसे महसूस न कर ले ।

"मगर मैं हमेशा महसूस कर लेती हूँ ।" रानीबाला धीरे-से बोली । "जब भी इंदू का नाम आता है, तुम्हारा हाथ मेरे हाथ पर रखा हुआ हो या कमर पर,

हमेशा ज़रा-सा ढीला हो जाता है, त्वचा की गरमी भी कम हो जाती है, औरतों के पास अपने तरीके हैं, मरदों के दिल के अंदर झाँकने के लिए, औरत के लिए जरूरी नहीं है कि वह मरद के होंठों से निकले हुए शब्दों से अनुमान लगाए, वह एक चुंबन से भी बहुत-कुछ मालूम कर सकती है।"

रानीबाला ने अपने होंठ आगे बढ़ा दिए, रंजीत ने उसे अपनी बाँहों में भर लिया, मगर बाँहों में भर लेने के बाद भी वह बाँहों से बाहर छलक रही थी। और एक मुँह जोर शरीर और सर्कश घोड़ी की तरह एक लंबे सफर पर जाने के लिए बेचैन थी, रंज़ीत ने बहुत देर तक अपने होंठ उसके होंठों पर गाड़े रखे आखिर उसने एकदम होंठ हटाकर अपनी दोनों बाँहें खोल दीं। रानीबाला का बदन समंदर की रेत पर गिर गया, और कसमसाती हुई लहरों की तरह टूटने लगा।

"मुझसे शादी करोगी?" रंजीत ने उससे पूछा।

"अभी, इसी दम।" रानी चीखकर बोली और फिर उसकी बाँहों में आ गई, और जबरदस्ती उसकी बाँहों में भरने लगी।

"एक बात बताओ।" रंजीत ने अपने-आप पर काबू पाकर कहा, "मुझसे शादी क्यों करोगी?"

"तुम्हें मजा चखाने के लिए।" रानी ने दाँत पीसकर कहा, और लंबी-लंबी साँस लेकर अपने होंठ उसके होंठों से मिलाने लगी। रंजीत ने नरमी से अपना मुँह ज़रा-सा परे कर लिया, और बोला, "रानी, क्या मुझसे वफादार रह सकोगी?"

"तो क्या उस बुड्ढे से रहूँगी, जो मेरे शरीर के अब पच्चीस हजार देता है।" रानीबाला उसके गाल पर चुटकी लेकर बोली, "मेरे रंजू, तुम्हें मालूम नहीं है शायद कि औरतें कभी वफादार नहीं होतीं, औरतें वफादार रखी जाती हैं, और यह काम सिर्फ मरद कर सकता है। मैंने बहुत-से मरदों की आँखों में झाँककर देखा, फिर उन्हें नापसंद कर दिया। रानीबाला ने यह कहकर एक उँगली से समंदर की रेत पर नापसंदी की लकीर खींच दी, दूर तक खींच दी, यहाँ तक कि उसका बदन कमान की तरह लचककर तन गया। रंजीत दहकती निगाहों से उसे देखने लगा।

रंजीत उसे यहाँ लेकर नहीं आया था, वह उसे यहाँ लेकर आई थी, जुहू से आगे, जहाँ वारसोवा और जुहू के किनारे मिलते हैं। एक तिरछा टेढ़ा नारियल के

पेड़ों से घिरा हुआ नजरों से दूर एक छोटा-सा तिकोना तट है, जिसकी रेत बिलकुल दूधिया है, और जो शाम के बाद इतना खतरनाक समझा जाता है कि टहलने के लिए बहुत कम लोग इधर आते हैं, इसलिए शाम के बाद यह जगह बेहद सुनसान रहती है। रंजीत ने दोनों हाथ आगे बढ़ाकर जोर से उसकी कमर पर रख दिए, रानी तड़पकर पलटी, मगर रंजीत की पकड़ से बाहर न निकल सकी।

"मुझे छोड़ दो, मुझे छोड़ दो।" कहकर रानी ने बिफरी हुई शेरनी की तरह गरजकर दो-तीन चाँटे तड़ातड़ रंजीत के मुँह पर रख दिए। मगर रंजीत को ज़रा भी गुस्सा नहीं आया। उसकी गर्दन गर्व से तन गई, उसने दोनों हाथ कमर से हटाए बिना वहीं से जो एक झटका दिया, तो रानीबाला का जिस्म उसके सीने से आ लगा। रानीबाला ने अपने दोनों हाथ उसके कंधों में गड़ाकर एक जहरीली तथा धीमी आवाज में कहा :

"मुझे छोड़ दो, कमबख्त, सुअर, हरामजादे, पलीत, छोड़ दो मुझे, मुझे छोड़ दो।"

रंजीत को अपने कंधों पर तेज खरोंच का अहसास हुआ। उसने विजययुक्त भाव से हँसकर बारी-बारी अपने कंधों को देखा, जहाँ से अब रक्त की एक लकीर फूट रही थी। उसने एक हाथ को हटाकर रानीबाला के दोनों हाथ एक झटके से अपनी मुट्ठी में कर लिए। रानीबाला पूरी ताकत लगाके उसकी पकड़ से निकलने की कोशिश करने लगी। इस कोशिश में उसका बदन दोहरा होकर रंजीत की गोद में जा गिरा और रंजीत हँसकर उसके बदन पर झुकता गया, और वह एक बेबस मछली की तरह तड़प-तड़पकर कहने लगी :

"मुझे छोड़ दो, मुझे छोड़ दो, मुझे मत छोड़ो, मुझे तोड़ दो, मुझे मत…।"

फिर नारियल के बहुत से हरे-हरे पंख हवा में झूलकर रंजीत के कानों में शोर मचाने लगे, और रानीबाला की आँखों में दूधिया रेत भर गई।

चार महीने हिल स्टेशनों पर घूमने और इस बीच उच्च शिक्षा के फलस्वरूप अब इंदू की छवि भी निराली हो चली थी। उसकी बातचीत, चाल-ढाल, रख-रखाव में एक उच्च श्रेणीवर्ग-सी, एक उच्च परिवार तथा खानदान की बू-बास रच गई थी, और उसमें पश्चिम की आजाद खयाल, नित नए फैशन को

पसंद करनेवाली लड़की के अंदाज आ गए थे। और स्वभाव में वह आत्मविश्वास जो सभ्य तथा उच्च स्तरीय खानदानों की लड़कियों में बचपन से ही अपने-आप ही पैदा हो जाता है। अब उसे देखकर कोई नहीं कह सकता था कि वह किसी खोली से उठकर आई है। लगता था जैसे उसने आज तक किसी ऐसी जिंदगी की झलक तक नहीं देखी है। इस सीमा तक उस पर मेहनत की गई थी। और अभी तो वह और निखरेगी, दिन पर दिन…।

मानव चेष्टा और परिश्रम से चमकता है, सिर्फ अंदरूनी योग्यता ही सबकुछ नहीं है। यह तमाम ढंग और खूबियाँ उसके अंदर पहले से मौजूद थीं मगर खोली की कुबड़ी तथा अँधेरी छत ने उसके जहन के आसमान को बिलकुल सीमित कर दिया था। आसमान केवल वह नहीं होता जो बाहर खुले में दिखाई देता है, आसमान वह भी होता है, जो छत के नीचे पाया जाता है, जो दीवारों पर मकड़ी की भाँति सरकता है, फर्श पर कीड़े की तरह चलता है, और भूख बनकर खाली आँतों में रेंगता है।

इंदू के बदन में एक झुरझुरी-सी आई, "फून और फैशन", मैगजीन के पन्ने उलटते हुए, नए लिबास के फैशन देखते हुए उसका दिमाग किधर भटक गया था, शाज़ली के सिगरेट की राख झाड़कर वह जल्दी से उठी और उसने मुँह का स्वाद बदलने के लिए अपने लिए जल्दी से एक मार्टीनी बनाई, हालाँकि अभी ठीक से शाम हुई नहीं थी, और शाम की पार्टी में जो लोग आनेवाले थे, वह भी अभी नहीं आए थे, फिर भी उस खोली का ध्यान आते ही उसे एक मार्टीनी की जरूरत पड़ गई थी, जैसे कुछ लोगों को नरक का खयाल आते ही भगवान के सहारे की जरूरत महसूस होती है! बेचारा भगवान इंसानों की दुनिया में कभी चाहा नहीं गया, उसका हमेशा एक खूँटी या बैसाखी की जगह प्रयोग किया जाता है, उँह… कैसे-कैसे खयाल उसके मन में आ रहे हैं, मार्टीनी के घूँट को कुछ देर तक अपनी जबान पर रोककर उसने उसके स्वाद के आनंद को परखा, फिर मुस्कराकर घूँट गले से नीचे उतार लिया, "अच्छा है।" उसने सोचा, और लालमणी रंग की मार्टीनी से भरे गिलास को उठाकर रोशनी में देखने लगी। इस गिलास में बर्फ के टुकड़े कैसे मूर्ख-से लग रहे हैं, कमल मिश्रानी की तरह देखने में कल भी इन्हीं बर्फ के टुकड़ों की भाँति सफेद था, और उसके जिस्म में दिल की जगह भी शायद एक बर्फ का टुकड़ा ही था, मगर उसके लिए वह कमल मिश्रानी को अधिक दोष नहीं दे सकती थी, वह स्वयं क्या थी, जो वह थी वही तो

कमल मिश्रानी भी था, और दूसरे भी ऐसे ही थे, जो इसे बंबई की सबसे अमीर लड़की समझकर उसके चारों ओर घूमते थे। ये सब लोग एक ही सूर्यमंडल का भाग थे, जहाँ हर ग्रह का एक भार होता है, आकार होता है, मदार होता है, और धुरा होता है, तथा आपस के आकर्षण में संतुलन होता है, और बस यों ही हर जगह, ऊपर की जिंदगी में, और उससे हटकर बीच वाली जिंदगी में, और उससे भी नीचे जाकर खोली की जिंदगी में हर छोटे-छोटे ग्रहमंडल के अंतर्गत उसके अपने नियम, नीति-रीति और रिवाज होते हैं, जो एक विशेष प्रकार के दृष्टिकोण से बँधे हुए जीवन के एक ही धुरे पर घूमते रहते हैं। इनको हम कभी व्यक्ति कहते हैं, कभी जाति, कभी देश, कभी मानव, कभी आत्मा—स्वतंत्र और अपने-आपमें मगन, मगर वास्तव में कितने स्वतंत्र हैं हम, यों कहने को तो सूर्य भी स्वतंत्र है, और पृथ्वी भी, परंतु किसने सूर्य तथा धरती के बीच उस नाजुक मगर सबसे मजबूत रस्सी का अनुभव नहीं किया है, जिससे पृथ्वी सूर्य से और सूर्य पृथ्वी से बँधा है।

मिस इंदू बोमन, एक घूँट और इस तरल अग्नि की लो, एक कश शाज़ली के सिगरेट का और लो, इसकी मैंनेथाल की सुगंध को अपने पतले-पतले सीप की भाँति नाजुक नथुनों से बाहर निकालो और बेकार के विचारों को छोड़कर आज की शाम में आनेवाले मेहमानों की सूची पर निगाह डालो जो अभी-अभी सूसन टाइप करके तुम्हें दे गई है।

पहला नाम कमल मिश्रानी का था।

कमबख्त यह कमल मिश्रानी यहाँ भी आ टपका।

कमल मिश्रानी से इंदू की भेंट खिलनमर्ग से अलपथर जाते हुए हो गई थी। सर बोमन तो नीचे गुलमर्ग ही में रह गया था, करसटजी ने खिलनमर्ग तक जाने की हिम्मत की थी, उसके बाद उनकी हिम्मत भी जवाब दे गई थी, क्योंकि वह देखने में हृष्टपुष्ट दिखाई देने के बाद भी पुराने दमे का रोगी था, और इंदू अलपथर के इतने पास आकर उसे देखे बिना वापस जाना नहीं चाहती थी। इसलिए वह सूसन को करसटजी की देखभाल सौंपकर खुद ऊपर की घाटी पर चढ़ती चली गई।

ज्यों-ज्यों वह ऊपर चढ़ती जा रही थी बर्फ गहरी होती जा रही थी, ज्यादातर ऐसी जगहों पर बर्फ रात के कोहरे की जगह से काँच की तरह सख्त और चिकनी हो जाती है, इसलिए अति सावधानी से पग रखना पड़ता था, हर पचास-साठ फुट की दूरी पर इंदू को रुक जाना पड़ता, और वह अपनी मजबूत छड़ी की लोहे की नोक बर्फ में गाड़कर साँस लेने लगती, और नीचे की ओर देखने लगती। उसके पीछे कोई दो सौ फुट की दूरी पर एक अति सफेद, दोहरे बदन का छः फुट ऊँचा नौजवान नीले रंग का स्पोर्ट्स स्वीटर पहने हाँफता चला आ रहा था, जहाँ इंदू के पग रुकते, वह भी वहीं दो सौ फुट के फासले पर नीचे अपने कदम रोककर इंदू के सुंदर तथा आकर्षक शरीर को पीछे से सराहनीय दृष्टि से देखने लगता। इंदू अपनी पीठ पर उसकी निगाहों की गरमी का आभास कर सकती थी, परंतु वह अति सेफ़, बल्कि दूधिया किस्म का आदमी बेहद सभ्य था, और अपने और इंदू के बीच दो सौ फुट की दूरी हमेशा रखता था।

खिलनमर्ग की घाटी एक ढलान में गायब हो चुकी थी, नीचे कदमों में गुलमर्ग के कॉटेज, गॉफ कोर्स और फूलों के बगीचे खुश रंग और चमकदार और रंगीन धब्बों की भाँति प्रतीत हो रहे थे। चारों ओर हिमालिया की चोटियाँ किसी मजबूत किले की बुर्ज़ियों की तरह आकाश को छू रही थीं, और जिनके बीच इंदू अकेली खड़ी थी।

अब कुछ ही पग पर अलपथर की झील थी, इंदू ने बर्फ में घुसी हुई छड़ी को निकालकर आगे घाटी पर पग बढ़ाया कि उसका पैर फिसल गया, और वह नीचे की ओर फिसलते हुए अपने को सँभाल न सकी और एक तेज चीख उसके मुँह से निकल गई।

पीछे आनेवाले नवयुवक ने आगे बढ़कर इंदू को बाँहें फैलाकर सँभाला। इंदू इस जोर से नीचे की ओर जा रही थी कि अगर उस नौजवान के पीछे एक भारी चट्टान न होती तो उसके कदम भी उखड़ गए होते।

अब इंदू उस नौजवान की बाँहों में थी, दोनों जिस्मों की पहली टक्कर इस जोर की थी कि अभी नौजवान का जिस्म इंदू को सँभालने की पूरी कोशिश करते हुए पीछे की चट्टान पर करीब-करीब बिछ गया था। हो सकता है उसकी पीठ पर कुछ चोट भी आई हो, मगर उसने उसका इज़हार नहीं किया, अगले कुछ क्षण में वह कुछ सँभला। कुछ इंदू सँभली।

अगले कुछ क्षण दोनों के शरीर एक-दूसरे में गड़े रहे फिर दोनों ने

अपने-आपको अलग करने की कोशिश की। इंदू ने इस बारे में ज़्यादा कोशिश की, तो उसे मालूम हुआ कि न केवल कोहनियों की जगह पर दर्द होता है, बल्कि पाँव में ऐसी मोच आ चुकी है कि अब वह अपने-आप चल भी नहीं सकती, एक कदम बढ़ाते ही कराहकर बैठ गई।

उस दूधिया रंगतवाले नवयुवक ने उसे उठाकर कहा, ''आपको अकेला नहीं आना चाहिए था।''

''वे लोग नीचे खिलनमर्ग में रह गए।'' इंदू कराहकर बोली।

मगर अब जबकि उस नौजवान ने उसे अपनी बाँहों में उठा लिया था, उसे दर्द महसूस नहीं हो रहा था।

''क्या मैं आपको नीचे ले चलूँ, कि आप अलपथर की झील देखकर ही जाएँगी ?'' उसने सवाल किया।

''भाड़ में जाए झील-वील, मुझे जल्दी नीचे ले चलिए।''

''यह नहीं हो सकता, मैं इतनी दूर आ चुका हूँ, अब झील देखे बिना नीचे नहीं जाऊँगा।''

''अगर तुम्हें ऐसा ही करना था तो मुझसे पूछा ही क्यों था, मिस्टर ?''

''मुझे कमल मिश्रानी कहते हैं। और तुम्हारा नाम नीलोफर है शायद !''

''नहीं, मैं नीलोफर नहीं हूँ। मुझे इंदू कहते हैं।'' वह धीरे-से मुस्कराई, ''तुमने कैसे समझ लिया कि मेरा नाम नीलोफर होगा ?''

''पता नहीं क्यों, यों ही खयाल आया कि इस तरह की लड़की का ऐसा ही नाम होना चाहिए।''

''किस तरह की लड़की ?'' इंदू ने पूछा।

कमल उसे बाँहों में उठाए चलता रहा, बोला, ''मैं पीछे-पीछे आ रहा था, और जी चाहता था कि तुम फिसल जाओ, बर्फ पर से फिसलकर गिर पड़ो, बार-बार पीछे चलते हुए तुम्हारी तरफ देखते हुए तुम्हें गिराने के लिए भगवान से प्रार्थना कर रहा था।'' वह खुश होकर बोला, ''और तुम गिर पड़ीं, और मेरी बाँहों में आ गईं। और अब मैं तुम्हें चूम सकता हूँ।''

''मुझे नीचे बर्फ पर रख दो, अभी, इसी दम।'' इंदू ने हुक्म दिया।

''पहले चूम तो लूँ।''

कमल ने बेहद खुशी से इंदू को अपनी बाँहों में अच्छी तरह से इकट्ठा कर लिया, फिर अच्छी तरह से उसे प्यार किया. इस बीच वह चलता भी रहा। इंदू ने

निकलने की कोशिश शुरू की ही थी कि उसने चलते-चलते कहा, "अगर मेरी बाँहों से निकलने की कोशिश की, तो हम दोनों गिर सकते हैं, नीचे बर्फ पर फिसल सकते हैं। इसलिए मुझे अपना वायदा पूरा कर लेने दो।"

"क्या वायदा?"

"अभी आधा घंटा पहले मैंने अपने-आपसे वायदा किया था कि मैं इस लड़की का मुँह जरूर चूम लूँगा। और तुम नहीं जानतीं शायद, कि कमल मिश्रानी हमेशा अपना वायदा पूरा करता है।" इतना कहकर उसने नफरत से आँखें बंद कर लीं, वह बेहद सफेद युवक घृणा की सीमा तक सफेद था। लगता था बिलकुल मक्खन का बना हुआ है। ऐसा ही उसका चुंबन भी था--बस उसके बाद कुछ नहीं, अब बेहद शरीफ बन गया। जैसे कुछ न था। वह बड़े ढंग और सलीके से उसे ऐसे उठाए हुए चल रहा था, जैसे कुली बोझ उठाकर चलते हैं। अलपथर की झील के किनारे पहुँचकर उसने इंदू को नीचे एक पत्थर पर बिठा दिया, फिर उसने अपने कैमरे से झील की ओर की तीन तस्वीरें लीं, फिर उसने कैमरा इंदू के हाथ में देकर कहा :

"अब तुम मेरी तस्वीरें ले लो।" इंदू ने दो तस्वीरें ले लीं, उसके बाद उसने इंदू से कहा, "अब वापस चलें।"

"फौरन।"

"क्या तुम चल सकती हो?"

इंदू ने चट्टान से उठने की कोशिश की, असफल होकर रुआँसी होकर बोली, "नहीं।"

"तुम्हें अकेला नहीं आना चाहिए था।"

इंदू गुस्से से भड़ककर बोली, "तुमने दूसरी बार यह बात कही है, मैं तुम्हें बता चुकी हूँ कि मेरे आदमी नीचे खिलनमर्ग पर मेरा इंतजार कर रहे हैं, वे मेरे साथ आते मगर उन्हें दमा हो गया, और दूसरी लड़की बेहद कमजोर और थक गई मालूम होती थी, और वह मूर्ख करसटजी, मैंने उससे कहा था कि गाइड को साथ ले लो, मगर वह बार-बार यही कहता रहा कि इतनी बार यहाँ आ चुका हूँ कि मैं अकेला ही काफी हूँ। किसी गाइड की जरूरत नहीं, खिलनमर्ग तक आते-आते वह दमे से बेहद परेशान हो गया, मैंने सूसन से कहा वह उसे नीचे ले जाए।"

"हाँ, यह तो अच्छा किया, इतनी ऊँचाई पर ऑक्सीजन की बेहद कमी हो

जाती है ।'' कमल ने कहा, फिर मुस्कराकर और हाथ हिलाकर बोला, ''बाई, बाई मैं चलता हूँ ।'' उसने इतना कहकर नीचे की ओर कदम बढ़ाया ।

''यह भी कोई शराफत है'' इंदू गुस्से से बोली, ''मुझे यहीं छोड़ जाओगे ।''

''मैं कोई कुली नहीं हूँ ।'' कमल ने गंभीर होकर कहा, ''इतने बोझ को लेकर बर्फ पर चलना कोई मामूली काम नहीं है । तगड़ा-से-तगड़ा कुली भी दस बार सोचेगा ।''

''मैं तुम्हें मुँह माँगे दाम दूँगी ।''

''मैं पाँच बार रास्ते में तुम्हें चूमूँगा ।''

''शटअप ।''

''गुड बाई ।'' कहकर कमल नीचे को चला । दो-तीन कदम नीचे लेने के बाद इंदू ने उसे घबराकर आवाज दी, ''ऐ कमल !''

''क्या है ?'' वह रुककर बोला, ''मेरी शर्त मंजूर है ?''

इंदू ने रुआँसी होकर कहा, ''नहीं, हरगिज नहीं ।''

कमल बोला, ''तो आराम से इस चट्टान पर आराम करो, रात को कोई पहाड़ी रीछ तुम्हें रेप करके अपनी गुफा में ले जाएगा, बड़ी दिलचस्प बात होगी, अखबारों के पहले पेज की सुर्खी, बाई, बाई ।''

''वह ऊपरवाला तुम्हें गारत करे ।'' इंदू गुस्से से चिल्लाई, ''मुझे यहाँ से उठा लो, उठा लो न,'' वह रोकर बोली ।

कमल ने उसे उठा लिया । ध्यान से उसकी आँखों में देखकर उसके होंठों पर झुक गया । ''एक'' !

इंदू चुपचाप उसकी बाँहों में सिमट गई । अंदर-ही-अंदर उसका खून खौल रहा था । वह उल्लू, गधा, शेखीखोरा करसटजी अगर उस पर अपना रोब जमाने पर न तुल जाता और यहीं के किसी गाइड को अपने साथ ले आता तो उसकी यह हालत न होती, मगर अब वह बिलकुल बेबस थी, नीचे जाने के लिए, नीचे गुलमर्ग तक पहुँचने के लिए । इस नौजवान का सहारा लेने पर मजबूर थी, रास्ते में कहीं दूसरे राहगीरों की टुकड़ी भी नजर नहीं आ रही थी, जिन्हें रोककर वह उनसे मदद माँगती । और इस कमबख्त कमल के चेहरे पर कैसी खुशी छलक रही है, जी चाहता है मुँह नोच लूँ इस पाजी का ।

''दो ।''

"पाँच।"

नीचे गुलमर्ग की प्यालानुमा वादी में पहली काटेज के पास आकर कमल ने कहा। और इंदू तड़पकर उसकी बाँहों से उछली और तड़ातड़ उसने चार-पाँच चाँटे कमल के मुँह पर जड़ दिए, पर वह अब क्या कर सकता था। अब यह सामने एक काटेज थी, वह यहाँ से किसी को मदद के लिए पुकार सकती है, और यहाँ से अपने काटेज मदद के लिए खबर भेज सकती है।

कमल ने बड़ी गंभीरता परंतु बिना क्रोध से कहा, "मुझे तुमसे इसी सलूक की उम्मीद थी। तुम सर बोमन की बेटी हो, मैं सेठ जामन मिश्रानी का बेटा हूँ, तुम्हारे बाप की जायदाद की कुल कीमत दो-ढाई करोड़ रुपए होगी, मैं अपने बाप की चार करोड़ की जायदाद का वारिस हूँ। हम दोनों को एक-दूसरे से परिचित होकर एक-दूसरे को पसंद करना चाहिए।" कमल मिश्रानी ने इतना कहकर अपनी जेब से एक कार्ड निकाला और इंदू को देकर बोला, "यह मेरा पूरा पता है, परसों नीडोज़ में स्प्रिग बॉल है, मैं तुम्हें लेने के लिए आऊँगा। गुड बाई! वह सामने काटेज में एक माली बगीचे में काम कर रहा है, मैं उसे तुम्हारे साथ भेज देता हूँ, गुड बाई!" वह हाथ हिलाकर चला गया।

जिस दिन वह स्प्रिग बॉल के लिए उसे लेने आया, उस समय तक इंदू का इरादा न केवल उसे इनकार कर देने का था, बल्कि उसकी अच्छी तरह बेइज्जती कर देने का था। कितने दिन तो वह अंदर-ही-अंदर खौलती रही, प्लान बनाती रही, सर बोमन से शिकायत करने के लिए सोचती रही, मगर जिस दिन कमल मिश्रानी उसे लेने के लिए आया, वह बिलकुल तैयार बैठी थी, हॉल में जाने के लिए। उसने कोई चूँ-चपड़ नहीं की। कमल की बाँह-में-बाँह डालकर स्प्रिग बॉल में डांस करने चली गई।

नाचते-नाचते वे दोनों बाहर निकल आए थे, दो-दो मार्टीनी अंदर और बदन गरम, और वह कमबख्त बेहद अच्छा नाचता है, और अब कितना सीधा है, बिलकुल कायदे में, ढंग से बातें करता हुआ सभ्य तौर-तरीकोंवाला एक अच्छा नौजवान, उनके बिलकुल ऊपर चाँद सफेद समूर की टोपी की तरह चमक रहा है। कमल ने उससे पूछा :

"मुझसे शादी करोगी?"

''इतनी जल्दी ... ? क्यों ... ? अभी तो हम दोनों एक-दूसरे को जानते तक नहीं।''

''जानते नहीं, यही अच्छा है। जिस समय हम एक-दूसरे को जान गए, उस वक्त हम एक-दूसरे से नफरत करेंगे। मोहब्बत के लिए अजनबीपन बेहद अच्छा है। इसलिए शुरू के कुछ महीने मियाँ-बीवी के बहुत अच्छे गुजरते हैं फिर जब वह सुहाने अजनबी दिन रोज़मर्रा की गहरी जानकारी में बदल जाते हैं, तो घृणा शुरू होती है, क्योंकि गहरी पहचान में खूबियाँ ही नहीं जानी जातीं, बल्कि त्रुटियाँ भी पहचान ली जाती हैं, जिनकी गिनती इंसानी स्वभाव में खूबियों के मुकाबले में दस गुना अधिक होती है, इसलिए अच्छा यही है कि इस अजनबीपन के मौसम में, जबकि हम दोनों एक-दूसरे को जानते नहीं हैं, शादी कर लें।''

''मैं तुम्हारे जैसे पगले से कभी शादी नहीं करूँगी।''

''अच्छी तरह से सोच लो, मुझसे अच्छा दूल्हा तुम्हें हिंदुस्तान-भर में नहीं मिलेगा, फिल्मी हीरो की तरह खूबसूरत, अमरीकी लखपति की तरह अमीर, और कवियों की भाँति बेवकूफ, तुम्हारी-जैसी अक्लमंद लड़की को इससे अच्छा वर नहीं मिल सकता। अगर किसी तरह की शंका हो तो अपने बाप से पूछ सकती हो।''

इंदू के दिल में एक शंका जागी। उसने चौंककर कमल की ओर देखा, जो अपने हाथ के नाखूनों को गौर से देख रहा था।

''क्या तुमने पापा से बात की है ?'' इंदू ने घबराकर पूछा।

कमल ने धीरे-से सिर हिला दिया।

''फिर, उन्होंने क्या कहा ?''

''बोले, मेरी एक ही शर्त है, लड़का लखपति होना चाहिए, बाकी हर बात का फैसला इंदू करेगी, बाकी हर पसंद-नापसंद उसकी होगी।'' इंदू को भरोसा-सा हो गया, मुस्कराकर बोली :

''तो मेरा फैसला है नहीं, नहीं, मैं तुमसे कभी शादी नहीं करूँगी।''

''अच्छी तरह से सोच लो, मेरी जिंदगी में तुम पहली लड़की नहीं हो, लेकिन पहला चांस मैं तुम्हें दे रहा हूँ, वरना हर रोज एक दर्जन प्रपोज़ल आते हैं, एक-से-एक बढ़कर।''

''तुम अपनी सुंदरता और दौलत का निशाना किसी दूसरी लखपति लड़की

को बना लो, तो उसकी जिंदगी सुधर जाएगी, और मेरी भी।"

कमल उसके पास आने लगा। इंदू ने धीरे-से कहा, "यह खिलनमर्ग की घाटी नहीं है, उस समय मैं बेबस थी, अब मैं सबके सामने तुम्हारी बेइज्जती कर डालूँगी।"

"चंद चुंबन को तुम इस कदर महत्व देती हो, आखिर इसमें है क्या, दो होंठ दो होंठों से कुछ क्षण के लिए मिलते हैं, फिर अलग हो जाते हैं। वक्त अच्छी तरह से कट जाता है, इससे ज्यादा उसका महत्व नहीं है।" कमल ने संजीदा होकर कहा, फिर रुककर बोला, "मगर तुम सोचने के लिए समय ले सकती हो, इसमें जल्दी क्या है। मैं इंतजार कर सकता हूँ, जल्दी तो उन लोगों को होती है, जिन्हें जवान हो जाने पर भी लड़की नहीं मिलती, या लड़का नहीं मिलता, लेकिन हम लोगों को ऐसी कौन-सी मुश्किल सामने है।"

गुलमर्ग में कमल मिला था, मसूरी में दर्पन, नैनीताल में रोशन, जो बंबई के सेठ आलमभाई का बड़ा लड़का था, जो हर दूसरे-तीसरे महीने अमरीका जाता था और वहाँ से नित नए गैजठ लेकर आता था—पोलो रायड कैमरा और मिनी टेलीविजन और ऐनक में दूरबीन और एक छोटे-से गिलूब में ट्रांजिस्टर, और रिकार्ड, और एक छोटा-सा कंप्यूटर जो कविता करता था। रोशनभाई आलमभाई मशीनों का मजनूँ था, जबकि इंदू को मशीनों से न घृणा थी, न प्यार, एक तरह का डर-सा था क्योंकि माडर्न मशीनों से उसकी जान-पहचान केवल चंद महीनों की थी, इसलिए क्यों दुबले-पतले लंबे छरहरे साँवले थोड़ी-सी हरी रंगतवाले गंभीर रोशन-आलमभाई ने इंदू को पसंद कर लिया, यह बात किसी की समझ में न आई। शिमला में सरदार औतारसिंह मिला था, जिसकी बंगलौर में इलेक्ट्रानिक्स की बहुत बड़ी फैक्ट्री थी, औतार हॉकी का मशहूर खिलाड़ी था, दो दफा ओलंपिक खेल आया था, और आजकल सितार बजाना सीख रहा था। ये सब लोग अलग-अलग धर्म, नस्ल, रंग और सभ्यता तथा संस्कृति से संबंधित थे, लेकिन न जाने क्यों इंदू को ऐसा लगता था, जैसे ये सब एक ही बीज से फटे हैं, इन सबके स्वभाव एक-से थे, विचार एक-से थे, पसंद-नापसंद एक-सी, और दृष्टि-कीड़ा एक-सा। लगता था किसी एक ही मशीन से ढाले गए हैं।

गो कि बोमन ने कभी कुछ नहीं कहा उससे, लेकिन इंदू को मालूम हो गया था कि एक-एक करके अलग-अलग मोहरे उसके रास्ते में फेंके जा रहे हैं। वह चुनाव कर सकती है, लेकिन वह चुनाव कैसे करे, केवल चेहरे अलग-अलग हैं, बाकी ठप्पा, साँचा, रंग, रोगन एक-सा है, इसलिए इंदू एक के बाद दूसरे को इनकार करती गई, और अब वह इस मामले में अच्छी तजुर्बेकार हो चली थी। फिर एक दिन वह पगला दर्पन खेतू भाई था, जो भयंकर सीमा का धनवान था, जिसकी अहमदाबाद में दस-बारह मिलें थीं, और कई सूबों में उसके कारोबार का जाल-सा फैला हुआ था, और वह बड़े मोटे-मोटे शीशोंवाली ऐनक लगाता था, और उन मोटे-मोटे शीशों के पीछे से कैसी अजीब निगाहों से उसे घूरता था।

पता नहीं ऐसे धूर्तों के पास इतना धन कैसे आ जाता है, और फिर पीढ़ी-दर-पीढ़ी कैसे रहता है। दर्पन खेतू भाई ने मसूरी से शिमले, और शिमले से नैनीताल तक उसका पीछा किया था। नैनीताल में आखिरी भेंट इंदू को कभी भूल नहीं सकती। पहली बात तो यह थी कि दर्पन खेतू भाई को कभी यह विश्वास नहीं आता था कि कोई लड़की उसे इनकार भी कर सकती है। इंदू के दबे-दबे सभ्य तथा शरमीले इनकार को उसने किसी महत्व के लायक न समझा था, फिर उसके पास सवालों की एक लिस्ट थी जिनके जवाब वह आज ही इंदू से माँग रहा था। कहाँ से यह पगला उसके पीछे पड़ गया। वे दोनों दर्पन के कहने पर याट क्लब के छते हुए बरामदे में झील की तरफ वाले लकड़ी के जंगले के पास एक टेबुल पर बैठ गए, और दर्पन खेतू भाई ने अपने सवालों की लिस्ट निकाल ली थी, और अपनी ऐनक को अपनी नाक के बाँसे पर ठीक करते हुए बोला, "यह कुछ सवाल हैं।"

"काहे के लिए?" इंदू ने पूछा।

"तुमसे पूछने के लिए।"

"काहे के लिए?"

"तुम्हारा आईक्यू मालूम करने के लिए... मुझसे बापू ने कहा है कि जिस लड़की से तुम शादी करने का विचार कर रहे हो, वह दिमागवाली होनी चाहिए, इसलिए मैंने यह सवाल तैयार किए हैं।"

"और यदि मैं इन सवालों का ठीक से उत्तर न दे सकी?"

"तो मजबूरी है, मैं तुमसे शादी न कर सकूँगा।" दर्पन ने ऐसी गंभीरता से

कहा कि इंदू को जोर से हँसी आ गई। दर्पन ने आश्चर्य में डूबते हुए इंदू की ओर देखा और बोला, "क्यों हँस रही हो?"

"यों ही, तुम सवाल पूछो।"

"तुमको किस तरह का मरद पसंद है?"

"असली।" इंदू ने जवाब दिया।

"और औरतों में कैसी औरत पसंद है?"

"चकली।"

"और बच्चों में कौन-सा बच्चा पसंद है?"

"नकली।"

"नकली? क्या नकली बच्चे भी होते हैं?"

"हाँ, क्यों नहीं होते, यह प्लास्टिक के बड़े बबुए नकली नहीं तो क्या हैं?"

"तो तुमको नकली बच्चे पसंद हैं?"

"हाँ।"

इंदू को मालूम हो गया कि अभी तक उसे हर सवाल का जीरो नंबर मिल रहा है। लिस्ट देखकर दर्पन खेतू भाई ने दूसरा सवाल किया—

"तुम्हें मशीनों में से कौन-सी मशीन पसंद है?"

"तकली।"

"और गीत गानेवालियों में से कौन-सी पसंद है?"

"हकली।"

"हकली?" दर्पन ने अचरज से पूछा।

"हाँ, हकली।" इंदू ने निर्णययुक्त वाणी से उत्तर दिया।

"और जानवरों में कौन-सा जानवर पसंद है?"

"छिपकली।"

दर्पन खेतू भाई ने सवालों से भरी लिस्ट बंद करते हुए आखिरी सवाल पूछा, बड़ी गंभीरता तथा एकचित्त होकर मेज पर कोहनियाँ टिका के और अपना लंबूतरा चेहरा आगे ले जाके बोला, "आखिरी सवाल पूछता हूँ, बस इसी पर दारोमदार है कि तुमसे शादी करूँगा या नहीं।

"पूछो, पूछो।"

"सोच-समझकर जवाब देना।"

इंदू ने बड़ी मुश्किल से अपनी हँसी को रोककर कहा, "पूछो, पूछो।"

"विवाहित जीवन में तुम सोच-विचार की कौन-सी डगर पर चलोगी ?"

"बेअकली की।" इंदू ने चटककर कहा।

दर्पन खेतू भाई इंदू पर खेद की दृष्टि डालकर सूची को जेब में डाल के उसके पास से चला गया था, और हँसते-हँसते इंदू दोहरी हो गई थी। ऐसा पगला उसने अपनी जिंदगी में नहीं देखा था। और अब इस समय अपने महल जैसे घर में मार्टीनी का गिलास सामने रखे इंदू को दर्पन के अलावा दूसरे दर्जनों चेहरे याद आ रहे थे। और वह उनकी बेचैनी, तड़पन, गर्व, चापलूसी और मूर्खता को शायद याद करके मुस्करा रही थी। कुछ लोग उनमें ऐसे बुरे भी नहीं थे। कुछ लोग काफी अच्छे भी थे, जैसे कमल मिश्रानी, जो अब तक उसके पीछे पड़ा हुआ था।

और आज शाम की पार्टी में भी आ रहा था। इंदू अपने दिल को टटोलने लगी। आखिर वह जिंदगी से क्या चाहती है। इन सब मरदों को कब तक वह इनकार करती रहेगी ! सर बोमन कुछ कहता नहीं था, मगर उसकी मौन निगाहें बहुत कुछ कहती थीं।

इतने में सूसन डाक लेके आई। डाक में शादी का एक खूबसूरत-सा कार्ड था। जल्दी-जल्दी उसने लिफाफा खोला। एक हाथ में लिफाफा खोलकर देखते हुए, और दूसरे हाथ में मार्टीनी का गिलास उठाकर घूँट पीते हुए, वह उसे अपनी नजरों से देख रही थी, कि एकाएक गिलास उसके हाथ से गिरकर चटाक से टूट गया।

रंजीत की शादी रानीबाला से हो रही थी।

"रंजीत।"

"रानीबाला।"

दस अक्तूबर... यानी सिर्फ दो दिन बाद।

इंदू कटी पतंग की तरह सोफे पर गिर पड़ी।

गुस्से में अंधी होकर इंदू बोमन लॉज की सारी सीढ़ियाँ नीचे उतर गई। उसने बाहर जाने के लिए कपड़े भी नहीं बदले, सीधी गैराज में जाकर उसने रईस से कहकर अपनी डी सोटो निकलवाई और चल दी।

"कहाँ चलूँ ?" रईस ड्राइवर ने पूछा।

"तुम यहाँ से तो बाहर निकलो।" इंदू ने मुट्ठियाँ तानते हुए कहा, "फिर बताती हूँ।" डी सोटो कफ परेड के समुद्री किनारे से होती हुई मैरिन ड्राइव पर

आ निकली। इंदू बार-बार गुस्से से दाँत पीसती थी, और अपने हाथों की मुट्ठी खोलती और बंद करती थी।

रईस ने पूछा, "अब कहाँ चलूँ?"

"महालक्ष्मी रेसकोर्स।" इंदू ने गरजकर कहा।

मेम साहब बहुत गुस्से में हैं। रईस ने कार घुमाते हुए सोचा। मगर जाने गुस्सा किस पर है, जो मुझ पर उतर रहा है। मैंने आज तक इंदू मेम साहब को उतने गुस्से में नहीं देखा; मगर गुस्से में कितनी सुंदर मालूम होती है! साली अगर सर बोमन की लड़की नहीं होती तो अभी जुहू ले जाकर इसे समंदर के किनारे चित कर देता, पर चार सौ रुपए पगार देती है, और बख्शीश इनाम ऊपर से और दस वर्ष की नौकरी है, वरना बताता मेम साहब कि अभी हम पर गुस्सा करने का क्या मतलब है तुम्हारा!! इसलिए रईस अहमद आराम से ड्राइव करते रहो—दिनभर ठंडे-ठंडे ड्यूटी बजाओ, रात को अपनी बीवी को दो चाँटे मारकर इसका बदला निकाल लेना। साली हलकट वह बीस वर्ष की छोकरी हम पर भड़कती है, काहे कू? मगर इंदू अपने गुस्से में इतनी जल-भुन रही थी कि उसे रईस की मनोकामनाओं का पता न चला। जब गाड़ी रंजीत के बाप के गैराज़ के पास पहुँच गई तो उसने रईस से कहा :

"रंजीत को बुला लाओ।"

तो यह बात है! साली रंजीत को अभी तक नहीं भूली, रईस ने दिल में सोचा। पर हैरत की बात यह भी थी कि इतने महीने से इंदू ने इधर का रुख नहीं किया था। वह तो दिन-रात उसकी ड्यूटी में रहता था, इसलिए उसे मालूम था, पर अब एकाएक उसे रंजीत की याद कैसे आ गई। रईस का खयाल था कि अब वह रंजीत को बिलकुल भूल चुकी है। वह इंजन बंद करके गैराज की ओर चला गया।

थोड़ी देर के बाद रंजीत को साथ लेकर आया। रंजीत को दूर से आते देखकर इंदू का दिल जोर-जोर से धड़कने लगा, रंग उड़ गया, हाथ-पाँव काँपने लगे, वह अपने-आप पर काबू पाने के लिए हाथ-पाँव मारने लगी। रंजीत रईस के साथ-साथ धीरे-धीरे लापरवाही के अंदाज में चलते हुए आ रहा था, जैसे इंदू के आने या उसके बुलाने की कोई परवाह न हो।

जब वह बिलकुल पास आ गया, तो इंदू ने गाड़ी का पट रंजीत के लिए खोल दिया मगर रंजीत गाड़ी के अंदर नहीं आया। खुला पट हाथ में पकड़े वहीं खड़ा

रहा। इंदू ने रईस से कहा, ''तुम कहीं से चाय पीके आओ।''

रईस घूमकर महालक्ष्मी स्टेशन की तरफ मुड़ गया। जब वह काफी दूर निकल गया तो इंदू ने रंजीत से पूछा, ''क्या यह सच है?''

''क्या सच है?''

''तुम्हारी शादी रानीबाला से?''

''हाँ।''

''कार्ड तुमने भेजा था?''

''मैंने नहीं, रानीबाला ने भिजवाया था।''

''हरामज़ादी।''

''उसे गाली मत दो, वह मेरी होनेवाली पत्नी है।''

उत्तर में इंदू ने रानीबाला को दो-चार जली-कटी और सुनाईं। रंजीत चुपचाप सुनता रहा। फिर जब इंदू चुप हो गई, तो धीरे-से कहने लगा, ''बस अब जाऊँ?''

''नहीं ठहरो।'' इंदू कड़ककर बोली।

''किस रिश्ते से आप मुझ पर यों हुक्म चला रही हैं?''

इंदू ने इस सवाल का जवाब न देकर कहा, ''तुम रानीबाल से शादी नहीं करोगे।''

''करूँगा।'' रंजीत ने निर्णययुक्त लहजे में कहा।

''नहीं करोगे।''

''जरूर करूँगा।''

इंदू हाथ-पर-हाथ मारकर बोली, ''मैं कहती हूँ, यह शादी नहीं होगी।''

''मैं कहता हूँ यह शादी होगी और जरूर होगी।'' अब रंजीत को भी गुस्सा आने लगा। रंजीत का निर्णययुक्त लहजा और विश्वास-भरा चेहरा देखकर इंदू चुप हो गई। अपने-आपको बेबस पाकर, उदास हो गई, मुड़-मुड़कर रंजीत का मुँह देखने लगी, जो उसकी तरफ देखने की कोशिश कर रहा था। अपने-आपको बेबस पाकर इंदू की आँखों में आँसू उमड़ने लगे, उसने मुँह फेरकर रंजीत से प्रश्न किया :

''क्यों?'' उसकी आवाज में दिल की टीस थी।

''यह अपने दिल से पूछो।'' रंजीत ने धीरे-से कहा। और धीरे-धीरे उसका लहजा दर्द की मध्यम आवाज में तपने लगा ''उस शाम तुम मुझसे

वायदा करके मिलने के लिए मैरिन ड्राइव पर नहीं आईं ?"

"मगर तुम भी तो मुझसे मिलने नहीं आए।" इंदू की आवाज कमजोर पड़ती जा रही थी।

"मैं क्यों आता, और कैसे आता ? जब तुमने मुझे छोड़ दिया, जब तुम वापस उस महल में जाकर एक करोड़ की बोतल में बंद हो गईं, तो फिर प्रेम की आवाज तुम तक कैसे पहुँचती, अभी मोहब्बत बोतलों में बंद होकर नहीं बिकती है। अभी वह जमाना नहीं आया है।"

"इसलिए तुम रानीबाला से शादी कर रहे हो ?"

"हाँ।" रंजीत के नरम लहजे में फौलाद की-सी सख्ती आ गई। "जब तुम मेरी मोहब्बत की वफादार न रह सकीं, तो मैं तुम्हारी मोहब्बत का वफादार क्यों रहूँ ?"

"मगर मैंने तो अब तक किसी से शादी नहीं की।" इंदू रोकर बोली। 'इतने, इतने, इतने रिश्ते मेरे लिए आए, मगर मैंने सबका टाल दिया।"

"मुझे मालूम है, तुम्हारी एक-एक खबर मुझे मिलती रहती है। मैं वहाँ नहीं हूँ तो क्या हुआ।" रंजीत बोला। "मेरे हमदर्द तो वहाँ हैं, मेरे मित्र, मेरे आदमी तो हर जगह बीते महीनों में तुम्हारे साथ थे। जहाँ-जहाँ तुम गईं, जो-जो तुमसे मिला, तुम्हारी हर बात, हर हरकत का मुझे पता है, गरीब लोगों की भी अपनी एक सी. आई. डी. होती है, जो नौकरखान से चलती है।"

"मैंने कोई पाप नहीं किया।"

"सबसे बड़ा पाप तो तुम कर चुकीं, जब मुझसे मुँह फेर लिया।"

एकाएक इंदू ने रंजीत का हाथ पकड़ लिया, और गहरे निकट संबंध के साथ बोली, "रंजीत, मैं उस गंदी मोहरी में अब नहीं रह सकती थी। कोई भी जिसे खुले आसमान में तैरने को पंख मिल जाएँगे उस झोंपड़पट्टी की गंदी मोहरी में रहना पसंद नहीं करेगा।"

"फिर किस बात की शिकायत है ?" रंजीत अपना हाथ छुड़ाकर बोला, "जो तुमने चाहा वह तुम्हें मिल गया, अब मुझे अपने जीवन की पगडंडी पर जाने दो। जब तुम्हारी-मेरी डगर अलग-अलग है, तो किसी को किसी से कैसा शिकवा, और कैसा गिला ?"

इतना कहकर रंजीत ने गाड़ी का पट जोर से बंद कर दिया, और बिना कुछ कहे-सुने वापस अपने गैराज में चला गया।

रात-भर इदू को नींद नहीं आई। करवटें बदलते-बदलते सुबह हो गई। रेशमी चादर, मखमली नरम तकिये, स्प्रिंगवाला पलँग, मध्यम रोशनियाँ, एयरकंडीशंड कमरा, संगीत की मीठी-मीठी आवाज, नौकरानियों के मुलायम-मुलायम हाथ, पाँव दबाने के लिए, नींद की गोलियाँ, सब बेकार साबित हुईं। रोते-रोते सुबह हो गई। सुबह शीशे में उसने जब अपना मुँह देखा, तो आँखें सूजी-सूजी मालूम होती थीं। बहुत देर तक वह बोरोफिन लोशन से अपनी आँखें धोती रहीं। जब आँखों की लाली कुछ कम हुई तो उसने चाय मँगाई। चाय मँगाकर करसटजी को टेलीफोन किया, "फौरन आ जाइए, नाश्ता यहीं कीजिए।" कहकर इंदू ने टेलीफोन बंद कर दिया।

रात-भर वह सोचती रही। एक तरह से रंजीत ठीक कहता है, जब उसने खुद ही रंजीत को छोड़ दिया, तो वह रंजीत की जिंदगी में दखल देनेवाली कौन होती है? मगर सचमुच उसने रंजीत को छोड़ दिया था, ऊपर से तो उसने वास्तव में भुला देने की चेष्टा की थी ठीक है वह उससे मिलने नहीं आया था, तो वह कब उससे मिलने गई थी, अब वह कौन-सा मुँह लेकर उससे मिलने जाती। शायद इसलिए वह उससे मिलने नहीं गई थी। उसने नई जिंदगी की खुशियों में उसे भुला देना चाहा था, और शायद रंजीत उसके दिल की गहराइयों में यों दबकर रह गया था, जैसे कोहरे के मौसम में पत्थर की चट्टान बर्फ में दबकर रह जाती है। स्वयं उसको बर्फ की इस ऊपरी सफेद परत को देखकर विश्वास नहीं हुआ था कि उसके अंदर गहराइयों में रंजीत दबा पड़ा है। मगर उस शादीवाले कार्ड के एक ही भूचाल ने बर्फ की उस पर्त को तोड़-फोड़कर उस पत्थर की चट्टान को नंगा कर दिया था, जिसे इंदू अपने-आपसे भी छुपाती आई थी। वह इस सच्चाई का मुकाबला नहीं करना चाहती थी, उसे देखना भी नहीं चाहती थी, इसीलिए उसे इतना गुस्सा आ रहा था। क्या हक है रंजीत को शादी करने का? औरत का दिल उसके तर्कविज्ञान को नहीं समझता, या औरत के दिल का तर्कन्याय ही कुछ और होता है, इसीलिए तो इंदू का दिल रंजीत की शादी के निर्णय को मानने से इनकार करता है।

मैं जो कुछ भी करूँ, तुम यह क्यों करो, तुम तो रानीबाला से प्यार नहीं करते हो, फिर तुम उससे शादी क्यों करो, मैं चाहे दस बार शादी कर लूँ, पर तुम मेरे जीते-जी कैसे शादी कर सकते हो। तुम तो मेरे हो, और मैं तुम्हें जिस हाल में रखूँगी, उसी में तुम्हें सारी उम्र रहना होगा।

मगर रंजीत तो बदला लेने पर तुल गया था, तो ठीक है अब वह भी बदला लेगी।

इंदू ने गुस्से से घंटी बजाई। एक नौकरानी प्रकट हुई। इंदू बोली, "ज्यों ही करसटजी आ जाएँ उन्हें लाउंज में बिठा के मुझे खबर दो।"

"जी, बहुत अच्छा।" कहकर नौकरानी चली गई, तो इंदू को चाय ठंडी प्रतीत होने लगी। उसने गुस्से से फिर घंटी बजा के अच्छी-भली गरम चाय को ठंडी कहकर दूसरी नौकरानी को कोसा, और उसे फिर से चाय लाने के लिए कहा। फिर टेलीफोन के नंबर घुमाकर तेज़ लहजे में बोली :

"करसटजी, आप आते क्यों नहीं हैं, घर में अभी तक क्या कर रहे हैं ?"

"ज़रा दाँतों में मंजन तो कर लूँ।"

"कोई जरूरत नहीं है, जिस हालत में भी हैं फौरन आ जाएँ आप।"

"जिस हालत में हूँ उसमें तो किसी तरह नहीं आ सकता, सिर्फ चड्डी पहने हूँ।"

एकदम जोर से इंदू को हँसी आ गई। उसने जल्दी से टेलीफोन बंद कर दिया।

आधे घंटे में करसटजी उसके पास था। इंदू ने शादी का दावती कार्ड खामोशी से उसके सामने रख दिया।

करसटजी ने चश्मा ठीक करके कार्ड को ध्यानपूर्वक देखा, उसे पढ़ा, फिर खामोशी से इंदू की ओर देखने लगा। बात उसकी समझ में न आई थी।

"मैं चाहती हूँ यह शादी न हो।"

करसटजी ने चौंककर इंदू की तरफ देखा। अब बात कुछ-कुछ उसकी समझ में आने लगी थी।

"मगर," करसटजी ने बोलना शुरू किया।

"अगर-मगर कुछ नहीं।" इंदू ने पैर पटककर कहा, "कुछ भी हो जाए, यह शादी नहीं होगी, हर कीमत पर उसे रोक देना होगा।"

"क्या उस छोकरे के लिए तुम अभी तक इतनी पागल हो ?"

"मैं रंजीत से शादी नहीं कर रही हूँ, किसी भी हालत में उससे शादी नहीं करूँगी, अगर तुम्हारे दिल में कोई इस तरह की शंका है तो उसके लिए मैं हर वक्त गारंटी देने के लिए तैयार हूँ। मगर यह शादी रुक जानी चाहिए। औरत बदले के लिए कितनी खतरनाक हो जाती है, आज करसटजी को आँखों के

सामने दिखाई दे रहा था, मगर इस बदले की भावना को वह किस तरह अपने लिए चैन की भावना बना सकता है, इस समय वह यही सोच रहा था।

''ज्यादा सोचने के लिए समय नहीं है।'' इंदू ने बेसब्री से कहा। ''अगर यह श।दी नहीं रुकी, तो मैं अपनी जान दे दूँगी, जहर खा लूँगी, समंदर में कूद जाऊँगी।''

''अच्छी तरह सोच लीजिए।'' करसटजी ने रुक-रुककर कहा, ''बाद में पछताना न पड़े।''

''मैंने खूब सोच लिया है।''

''और आप उसके लिए हर कीमत देने के लिए तैयार हैं।'' करसटजी ने एक-एक शब्द पर जोर देकर कहा, ''और मुझे विश्वास है कि अगर मैं इस शादी को रोक लूँ, तो आप मुझे मुँहमाँगा इनाम देंगी।''

''हाँ।'' इंदू ने थके हुए लहजे में हाँ भरी क्योंकि वह समझती थी कि उससे क्या माँगा जा रहा है, और वह भी समझता था।

''ठीक है।'' करसटजी ने अपनी गाड़ी की चाबी के छल्ले को घुमाते हुए कहा, ''आज शाम को मैं आके बता दूँगा।'' वह चुपचाप कमरे से बाहर निकल गया।

शाम के छः बज गए, सात बज गए, आठ बज गए, साढ़े आठ बज गए, करसटजी नहीं आया, तो इंदू के दिल में चिंता पैदा होने लगी। उसने करसटजी के घर, अंबाला हिल पर टेलीफोन किया, पता लगा कि सालीसिटर साहब सुबह से गायब हैं। फिर इंदू ने प्रिंस स्ट्रीट में करसटजी के पुराने मकान पर टेलीफोन किया, जहाँ उसकी बूढ़ी माँ रहती थी। मालूम हुआ कि सुबह से वह वापस नहीं आया है। इससे इंदू को कुछ विश्वास हुआ, कि वह जरूर उसी के काम में लगा होगा, मगर अब यह शंका खाए जा रही थी, मालूम नहीं यह काम होगा कि नहीं, कि वह खाली हाथ मुँह लटकाए वापस चला आएगा। अपनी इस परेशानी में घिरी हुई सोच रही थी, कि वह क्या करे, क्या न करे कि इतने में डिनर की घंटी बजी। आज डिनर पर खैरियत यह रही कि सर बोमन मौजूद नहीं थे, वरना वह उसका उतरा हुआ चेहरा देखकर जरूर उससे सवाल करते। जल्दी-जल्दी दो-चार कौर खाकर फिर लेडीज ड्राइंगरूम में आ बैठी, वहीं उसने

कॉफ़ी मँगवा ली। कॉफ़ी पीते-पीते गिलैमर मैगजीन के पन्ने उलटते-उलटते वह करसटजी का इंतजार करती रही।

करसटजी रात के पौने दस बजे आया। थका-हारा, परेशान। आते ही एक गहरे सोफे में धँस गया, और सबसे पहली बात उसने व्हिस्की के लिए कही।

इंदू ने व्हिस्की का एक बड़ा पैग उसे बनाके दिया जिसे वह दो घूँट में पी गया। फिर उलटे हाथ से मुँह पोंछकर बोला, "एक और बना दो।"

"पहले यह बताओ क्या करके आए हो?"

"पहले व्हिस्की तो दो, जान में-जान तो आ जाए।"

इंदू व्हिस्की का दूसरा पैग बनान लगी। हौले-हौले, करसटजी की आवाज उसके कानों से टकराने लगी, आवाज में बेहद थकन थी।

"वह छोकरा—रंजीत किसी तरह से नहीं माना, लाख-लाख जतन किए, हर तरह के लालच उसे दिए, मगर उसे तो एक ही रट लगी थी, रानीबाला से शादी तो मैं जरूर करूँगा, और अब यह शादी तो हर सूरत में होकर रहेगी। चुनाँचे उससे निराश होकर, मैं रानीबाला के पास गया, उसने भी साफ इनकार कर दिया। फिर मैंने उसकी माँ को समझाया। माँ बोली, 'मै क्या करूँ, लड़की के दिल में यही बात समा गई है। वैसे रंजीत बहुत अच्छा लड़का है, और अब तो उसके बाप ने भी आज्ञा दे दी है। जब तक उसके बाप को आशा थी, कि रंजीत के जरिए वह इंदू की सिफारिश से सेठ बोमन की गाड़ियों की मरम्मत का ठेका अपने गैराज के लिए पा सकता है, उस समय तक उसने रानीबाला और रंजीत की बातचीत को अच्छी नजरों से न देखा था।'

"लेकिन जिस दिन से तुमने रंजीत का ख़याल छोड़कर फिर से सर बोमन के घर में शरण ले ली, उसका बाप भी तुम्हारे विरुद्ध हो गया है। उसने रानीबाला से वायदा कर लिया कि अगर रंजीत ने उससे शादी कर ली तो वह रानीबाला को अपने घर में बहू बनाकर आने की आज्ञा देगा, यानी जो बात वह तुम्हारे लिए मंजूर करने को तैयार न था, वह अब रानीबाला के लिए करने को तैयार है, सिर्फ तुम्हें नीचा दिखाने की खातिर। एक पैग और देना।"

"फिर क्या हुआ?" इंदू बड़ी बेसब्री से बोली।

"रानीबाला, उसकी माँ, और रंजीत से निराश होकर मैं उस बुड्ढे के पास गया, जो रानीबाला पर मरता है, नरसिंहदास उसका नाम है, और कई धंधे करता है। उसने मुझसे कहा, अगर तुम मुझे पच्चीस हजार रुपए कमीशन दो

तो मैं यह शादी रोक सकता हूँ। मैंने हामी भर ली।" इतना कहकर करसटजी ने एक लंबा घूँट लिया।

"बात खत्म कब होगी?" इंदू ने बड़ी बेसब्री से पूछा।

"एक मिनट में," करसटजी दूसरा घूँट लेकर बोला, "सारा दिन मारा-मारा फिरा हूँ, पच्चीस हजार रूपए उस बुड्ढे को कमीशन देना पड़ा है, पचास हजार नकद रानीबाला की माँ को। और एक गाड़ी, जिसमें वह रानीबाला को सूरत ले गए हैं।"

"सूरत?"

"हाँ, कमबख्त किसी तरह मानती नहीं थी। नरसिंहदास ने कोई दवा खिलाके, उसे बेहोश किया है, और अब उसे और उसकी माँ को सूरत लेके गया है। वहाँ तीन-चार दिन तो उसे ऐसे ही दवा खिला-खिलाके बेहोश रखेगा, फिर होश आने पर उसे समझा देगा। पचास हजार का फ्लैट और एक गाड़ी देखकर रानीबाला फौरन से पेश्तर उसकी बात मान जाएगी।"

"और अगर न मानी तो?"

"शादी की यह तारीख तो टल ही गई।"

"तो इसमें क्या फर्क पड़ता है?" इंदू ने कड़वे लहजे में कहा। "शादी के लिए कोई दूसरी तारीख तै की जा सकती है, इसीलिए तो मैं पूछती हूँ कि अगर रानीबाला न मानी तो?"

"तो वह सूरत से वापस नहीं आएगी।"

इंदू का सारा शरीर काँप गया। उसने एक पल के लिए निगाह उठाकर करसटजी के चेहरे की ओर देखा। उससे डरकर इंदू ने अपनी आँखें झुका लीं।"
"और अब मेरा इनाम?" करसटजी ने मुस्कराकर कहा।

इंदू आँखें झुकाए खड़ी रही, आगे बढ़कर करसटजी ने इंदू का हाथ थामा जिसकी उँगलियाँ बर्फ से ज्यादा ठंडी थीं, फिर उसने उँगलियाँ दबाकर अपना हाथ उसकी कमर में डाल दिया, जो पत्थर की बनी थी। फिर उसने इंदू को अपने सीने से लगाके उसके होंठों का चुंबन लिया, जो बिलकुल राख था।

फिर उसने काँपते हुए लहजे में कहा, "पहले दिन जिस रोज़ तुम्हें देखा था, मेरे दिल में यह विचार आया था कि तुमसे शादी करूँ, मुझे अपनी जिंदगी में इससे बड़ा इनाम नहीं मिल सकता।"

13

अब उन दोनों की शादी हो चुकी थी, और वे दोनों प्रिंस स्ट्रीट से करसटजी की बूढ़ी माँ का आशीर्वाद लेकर वापस कफ परेड जा रहे थे, जहाँ वह सर बोमन से विदा लेकर आज शाम के प्लेन से स्विट्ज़रलैंड अपने हनीमून के लिए जानेवाले थे। इंदू नववधू का आवरण पहने खोई-सी आकाश पर देख रही थी, और करसटजी बेहद खुश होकर बार-बार अपनी दुलहन को देख लेता था।

सर बोमन भी बहुत खुश था। उसकी तो शुरू ही से यह इच्छा थी कि इंदू करसटजी से शादी कर ले, मगर लड़की का स्वभाव समझते हुए, उसने खुद से इस मामले में कुछ नहीं कहा था। धीरे-धीरे हालात अपने-आप ठीक होते गए, और जहाँ भी कोई अड़चन पैदा हुई उसने स्वयं बिना इंदू को बताए दूर कर दी। इस तरह कि इंदू को ज़रा भी पता नहीं चला कि करसटजी और इंदू की शादी में स्वयं सर बोमन ने कितना बड़ा भाग लिया था।

गाड़ी अब धीरे-धीरे नए और ऊँचे पुल की चढ़ान पर जा रही थी। पुल धोबी तालाब और प्रिंस स्ट्रीट के इलाके को सीधे-सीधे मैरिन ड्राइव से मिला देता है। गाड़ी चलानेवाला शायद कोई नया ड्राइवर था, जो नई वर्दी पहनकर बेहद होशियारी और सावधानी से नई फूलों से सजी-सँवरी सूबसूरत कैडीलेक नई गाड़ी को फ्लाई वे की चढ़ाई पर ले जा रहा था। इंदू ने करसटजी से पूछा :

"खुर्शीद, हम इधर से क्यों जा रहे हैं? मैट्रो से होकर चर्च गेट की तरफ से क्यों नहीं निकल गए?" इंदू ने अब उसे खुर्शीद कहना शुरू किया था, करसटजी जिसकी एक बिगड़ी हुई शक्ल है।

"ठीक तो जा रहा है।" करसटजी ने जवाब दिया, "यह फ्लाई वे हमें सीधा मैरीन ड्राइव बाँध पर ले जाएगा, जहाँ से हम कफ परेड को निकल जाएँगे, शॉर्ट कट है।"

"शॉर्ट कट है।" ड्राइवर ने अपनी सीट से मुड़े बिना कहा, "लेकिन कफ परेड को जानेवाला शॉर्ट कट नहीं है, यह मौत की तरफ जानेवाला शार्ट कट है।"

उसी समय उसके लहजे से इंदू समझ गई कि यह उसका कोई नया

मुलाजिम ड्राइवर नहीं है, यह तो रंजीत है।

"रंजीत !" इंदू चिल्लाई।

उत्तर में रंजीत ने अपनी टोपी ज़रा-सी उठाई; फिर उसे माथे पर रखकर बोला, "जिस तरह आपने रानीबाला को गायब कर दिया, उसी तरह मैंने चंद मिनट पहले आपके ड्राइवर को गायब कर दिया, और अब मैं इस सजी हुई दुलहन की तरह गाड़ी को इस फ्लाई वे से कफ परेड पर नहीं ले जाऊँगा। अब यह गाड़ी फ्लाई वे के इस ऊँचे पुल से गुजरती हुई तेज रफ्तार पर आती हुई, मैरिन ड्राइव के पास फ्लाई वे फाँदकर सीधे समंदर में डूब जाएगी। एक-दूसरे को गुड बाई कर लीजिए।"

"तुम पागल हो गए हो रंजीत !" इंदू चीखकर बोली। "जानते नहीं हो मैं सिर्फ तुम्हीं से प्यार करती हूँ।"

"प्यार मुझसे, शादी किसी दूसरे से ? यह रस्म मेरी समझ में नहीं आई।"

"यह तो मजबूरी थी, करसटजी से शादी करके मैं... मैं" एकाएक इंदू ने डर से काँपते हुए करसटजी की ओर देखकर घृणा से मुँह फेर लिया। "मैंने सर बोमन की सारी जायदाद हासिल कर ली है। अब क्या है, यह पति रहेगा, तुम प्रेमी।"

"एक पति, एक प्रेमी।"

"हाँ।" इंदू जल्दी से बोली, "ऊँची सोसायटी में यह रिवाज बुरा नहीं माना जाता।"

रंजीत ने गाड़ी की चाल एकदम तेज करते हुए कहा, "हमारे यहाँ, हम गरीबों में यों नहीं होता। हम जिससे प्यार करते हैं उससे ही शादी कर लेते हैं। और शादी न हो सके तो उसे मार डालते हैं या खुद मर जाते हैं। इस किस्से में हम दोनों तो मर ही रहे हैं, हमारे साथ यह बेचारा भी मर रहा है।"

करसटजी के चेहरे का रंग उड़ गया। उसके पीले-पीले होंठ ज़रा-से काँपे। उसने घबराकर कहा, "तुम मुझे तो उतार दो, फिर तुम दोनों जो चाहे करो, मगर मुझे अभी, इसी दम, इस गाड़ी से उतार दो।"

रंजीत जोर से हँसा, "अब तो आप भी कहीं नहीं जा सकते, पति और पत्नी का तो जन्म-मरण तक का साथ होता है, सो अब यह साथ दीजिए।"

इतना कहकर रंजीत ने गाड़ी की चाल और बढ़ा दी। गाड़ी अब खतरनाक रफ्तार से फ्लाई वे पर भागी जा रही थी। नीचे गुजरनेवाले ट्रैफिक और लोग,

स्त्री, बच्चे और बूढ़े, मर्द-औरतें, धब्बेदार रंगों की एक तेज रफ्तार लकीर बने हुए गाड़ी के नीचे से गुजरते जा रहे थे।

"रोको...रोको...रंजीत रोको।" इंदू ने चीख मारकर कहा। गाड़ी मैरिन ड्राइव के ऊपर फ्लाई वे को चीरकर तीर की तरह हवा में ऊपर उठी—और फिर कुछ ही क्षणों में समंदर के ऊपर लुढ़कती हुई नजर आई। राह चलनेवाले लोगों ने साँस रोककर इस भयानक दृश्य को देखा। गाड़ी लुढ़कती हुई डरावने शोर के साथ समंदर में जा गिरी। लहरें चारों तरफ ऊपर उछलीं, यहाँ तक भी इंदू ने देखा। उसके पास की सीट पर करसटजी बेहोश हो गया था, मगर रंजीत अब भी सामने ड्राइवर की सीट पर बैठा हुआ था। गाड़ी समंदर के अंदर नीचे-ही-नीचे चली जा रही थी। उन दोनों के चारों ओर पानी के बुलबुले उमड़ रहे थे। रंजीत बड़े विश्वास से ड्राइवर की सीट पर इंदू की तरफ पीठ किए स्टेरिंग व्हील पर हाथ रख बैठा था।

इंदू ने आगे बढ़कर उसके कंधे को जोर से झकझोर कहा, "क्या करते हो, क्या करते हो?"

रंजीत चौंककर जागा, इंदू की तरफ मुड़कर बोला, "क्या है?"

"वह बोतल।" इंदू झल्लाकर बोली। "देखते नहीं हो, अब हमसे दूर जा रही है।"

सचमुच वह बोतल जो अब तक उन दोनों के निकट आ रही थी, एक दूसरी लहर से टकराकर अपना रुख बदलकर जहाँ वह दोनों बैठे थे, उससे ज़रा ऊपर जा रही थी। "जाओ उस बोतल को निकालकर लाओ।" इंदू ने बड़ी बेसब्री से कहा। मुझे विश्वास है उस बोतल में जरूर कोई कीमती चीज होगी, हीरे होंगे या किसी राजकुमार का खत।"

"या किसी बुड्ढे सेठ की अंतिम वसीयत।" रंजीत ने कड़वे लहजे में कहा।

"अंतिम वसीयत?" इंदू ने आश्चर्य में डूबते हुए पूछा।

"तुम नहीं समझोगी।" रंजीत ने धीरे-से कहा।

"तुम बेकार बातों में समय क्यों खराब कर रहे हो, फौरन उसे निकाल के लाओ न।" इंदू ने गुस्सा होकर कहा।

रंजीत पानी में घुस गया। चंद मिनटों की कोशिश के पश्चात, जिसमें उसके कपड़े गीले हो गए थे, वह बोतल किनारे पर लाने में सफल हो गया, कार्क लगी बोतल को उसने अपने हाथ में पकड़ लिया, और उसे बाहर निकाल के इंदू

को दिखाया, बोतल के अंदर कुछ नहीं था।

"यह तो खाली है।" इंदू ने मरी हुई आवाज में कहा।

"हाँ, खाली है।" रंजीत ने ऐसे हर्ष से कहा जैसे संसार की सारी दौलत उसे मिल गई हो। फिर उसने घुमाकर बोतल को जोर से समंदर में वापस फेंक दिया। इंदू को गहरा सदमा-सा हुआ। निराश होकर उसने गर्दन झुका ली, बल्कि रंजीत से भी मुँह मोड़कर बाँध की दीवार पर बैठ गई। ठीक उसी समय बादल जोर से कड़के और बारिश की पहली बूँद इंदू के चेहरे पर पड़ी।

अब वह दोनों मानसून की जोरदार झड़ी में एक-दूसरे से लिपटे हुए बारिश के थपेड़े खाते हुए, समंदर की उछाल का शोर सुनते हुए, चले जा रहे थे। रंजीत का हाथ इंदू की कमर में था, और इंदू का हाथ रंजीत की कमर में, और रंजीत इंदू से कह रहा था, "अब मैं सोचता हूँ, बाँध पर बैठे मैंने एक सपना देखा था। और अब मैं सोचता हूँ, हमें देर न करनी चाहिए। मुझे अस्सी रुपए की नौकरी मिल रही है, तुम्हारी माँ को नब्बे रुपये की, तुम्हें भी सत्तर-अस्सी रुपये वह दे देंगे। कुल मिला के हमारे पास इतनी रकम हो जाएगी कि हम दोनों अपनी जिंदगी शुरू कर सकते हैं।"

इंदू ने आश्चर्य, हर्ष, गौरव तथा प्रेम में डूबी निगाहों से रंजीत की ओर देखा।

रंजीत के हाथ की पकड़ इंदू की कमर पर कसती गई। "हम दोनों का यों सोचना गलत था, खुशी बोतल में बंद होकर सागर की लहरों पर उछलती हुई किसी को नहीं मिलती है। खुशी को अपने हाथों से जीतना पड़ता है, इन दोनों हाथों से।"

"इन चारों हाथों से।" इंदू ने रंजीत से अलग होकर अपने दोनों हाथ उसके हाथों में दे दिए।

रंजीत ने प्रेम-भरी दृष्टि से इंदू की ओर देखा, "हम आज ही, अभी—महालक्ष्मी के मंदिर में जाकर शादी कर लेंगे, फिर···।"

"फिर···?" इंदू ने धीरे-से पूछा। इंदू सिर से पाँव तक बारिश में भीगकर और भी सुंदर हो गई थी। अंग-अंग से रस टपक रहा था। रंजीत ने एक पल उसे गहरी निगाहों से देखा। फिर बेकाबू होकर उसे अपने सीने से लगा लिया। मैरिन ड्राइव पर उस समय कोई न था, सब खिड़कियाँ बंद थीं। सारे राहगीर जा

चुके थे, सिर्फ वह दोनों मानसून के इस बिफरते हुए तूफान में अकेले एक-दूसरे से लिपटे खड़े थे। वह इस तूफान का भाग थे, और आकाश का, धरती का, और उसके नंगे भीगे जज़्बों का··· दूर तक जाते हुए दो गीले-गीले धब्बे, मँडराते बादलों से टूटकर नीचे आ जानेवाले बादलों के दो टुकड़े। फिर जोरदार बारिश का भँवर-जैसा रेला आया और, फिर कुछ न रहा··· हर और बारिश ही बारिश···

□ □ □